清华大学中国农村研究院2017年度重点研究课题

Research on International Experience of
Rural Cooperative Finance

农村合作金融
国际经验研究

汪小亚　谭智心　何婧◎等著

中国金融出版社

责任编辑：王雪珂

责任校对：张志文

责任印制：陈晓川

图书在版编目（CIP）数据

农村合作金融国际经验研究/汪小亚等著. —北京：中国金融出版社，
2020. 10

ISBN 978 - 7 - 5220 - 0582 - 9

Ⅰ.①农…　Ⅱ.①汪…　Ⅲ.①农村金融 — 合作金融 — 国际合作 —
研究 — 中国　Ⅳ.①F832. 35

中国版本图书馆CIP数据核字（2020）第 061657 号

农村合作金融国际经验研究
NONGCUN HEZUO JINRONG GUOJI JINGYAN YANJIU

出版
发行　中国金融出版社

社址　北京市丰台区益泽路2号
市场开发部　　（010）66024766，63805472，63439533（传真）
网 上 书 店　http：//www.chinafph.com
　　　　　　　（010）66024766，63372837（传真）
读者服务部　　（010）66070833，62568380
邮编　100071
经销　新华书店
印刷　保利达印务有限公司
尺寸　169毫米×239毫米
印张　14.5
字数　217千
版次　2020年10月第1版
印次　2020年10月第1次印刷
定价　49.00元
ISBN 978 - 7 - 5220 - 0582 - 9
如出现印装错误本社负责调换　联系电话（010）63263947

本书内容主要基于清华大学中国农村研究院委托课题"农村合作金融国际经验研究"（CIRS2017-6）的课题报告

课题主持人：汪小亚

课题组成员：谭智心（农业农村部农村经济研究中心副研究员），何婧（中国农业大学经济管理学院副教授），唐诗（中国银行博士后，后期参与）

初稿：

第一章 德国合作金融的起源与发展（汪小亚）；第二章 英国的农村金融和合作金融体系（谭智心）；第三章 荷兰合作金融的成长与成功（汪小亚）；第四章 美国的农场信贷与合作金融（谭智心、帅旭）；第五章 加拿大合作金融发展及启示（谭智心）；第六章 日本的农协与合作金融（何婧）；第七章 韩国的农协及其合作金融（何婧、姜梦雪）；第八章 国际合作金融的最新发展与立法借鉴（汪小亚）；第九章 中国合作金融的立法思考（汪小亚）。

译稿部分：王德利（整理部分表格）、张哲昊（参与译稿初稿），黄子安（负责译稿审核）

统稿：汪小亚 唐诗

致谢：

Hans Groeneveld（现任荷兰合作银行国际合作事务部主任），Wellink（原荷兰中央银行执行委员会委员），李旭英（原中行董秘部），于璇（原工行阿姆斯特丹），帅旭博士（四川金融办处长），黄迈（北京大学经济学博士），王德利（清华大学五道口学院硕士），姜梦雪、张哲昊和杨静（中国农业大学经济管理学院硕士），黄子安（北京外国语大学高级翻译学院文字硕士）。

序　言

实施乡村振兴战略,是以习近平同志为核心的党中央作出的重大战略部署,是新时代做好"三农"工作的总抓手。实施乡村振兴战略需要真金白银的投入,金融应发挥自身独特的功能和作用,重点向"三农"倾斜,加大金融支农力度。要坚持农村金融为农服务的正确方向,推动农村金融机构回归本源,把更多的金融资源配置到农村经济社会发展的重点领域和薄弱环节,加快建立适合农业农村特点的农村金融体系。

合作金融是现代农村金融体系的重要组成部分。与商业性金融、开发性金融、政策性金融相比,合作金融源自于农民、兴起于农村,以合作制原则作为组织存续发展的根本遵循,在服务"三农"领域具有自身独特的制度优势,能够更好地满足多样化的金融需求。从新中国成立到现在,我们一直在探索适合中国国情的农村合作金融发展之路,从20世纪50年代起步的农村信用合作社,到现在的农村资金互助社、农民合作社内部信用合作、各类民间合作金融组织等,虽历经坎坷,但仍在砥砺前行。70年的发展之路表明,合作金融是适应我国国情与农村特点的农村金融组织形态,也是当前我国普惠金融体系建设不可或缺的重要组成内容。

从世界范围来看,合作金融也是各国农村金融体系的组成部分,在农村金融中居于主导地位,发挥着重要作用。合作金融有着天然的扶贫性,只要有相对弱势群体,就有发展合作金融的需求,就有合作金融服务社会大众的影子。不仅如此,在美国、加拿大、德国、英国、荷兰等发达国家,合作金融仍然具有较大的市场份额和竞争优势,并且在业务经营、民主管理、组织运作等方面形成了比较完善的制度与机制,对支持各国农村经济发展起到十分重要的基础性作用，在一些公共服务领域还发挥着一定的社会功能。我国在乡村振兴的大背景下，要强化农村合作金融的作用，强化服务方式的创新，提升服务乡村振兴的能力和水平。

本书将世界主要国家合作金融发展演变历程与体制机制运行等相关内容展现在读者面前，不仅填补了当前我国农村合作金融领域国外研究缺乏的不足，而且为我国农村合作金融的改革与发展提供了不可多得的研究参考。本书的很多章节都是来自国外原文资料的翻译，对致力于合作金融领域的研究人员来说，更显弥足珍贵。

2020 年 9 月

前　言

本书基于清华大学中国农村研究院（以下简称农研院）2017年度"农村合作金融国际经验研究"课题（CIRS2017-6）修改而成。关于中国农村合作金融研究，我跟踪调查研究已十多年了，参与和主持了多项课题，也形成了一些研究成果，有的已发表。原想从案例研究、国际经验、监管制度、立法研究等角度将研究成果整理成书，目前已出版《新型农村合作金融组织案例研究》。

在国际经验课题的研究过程中，笔者收集并研究多国的合作金融发展情况，长期跟踪并全面了解国内外合作金融理论前沿、实践动态和发展趋势；也借助大型银行在海外的分支机构对德国、英国、日本等国合作金融进行广泛调研，课题主持人还亲自到荷兰进行实地调研。

本书的主要内容与结构。全书共分为三个部分。第一部分（第一至第七章），深入分析德国、英国、荷兰、美国、加拿大、日本、韩国七个国家的合作金融体系，剖析合作金融体系兴起的原因，进一步研究合作金融体系的组织结构、业务职责、风控机制、监管体系。第二部分（第八章），分析后金融危机时代，相比商业银行，合作银行的财务和业务指标呈现较好的表现，进一步剖析内在原因。第三部分（第九章），根据国际上农村合作金融立法情况和中国农村合作金融发展现状，提出中国农村合作金融立法的必要性和可行性，明确中国农村合作金融立法的原则和重点。最后，附上来自荷兰蒂尔堡大学经济管理学院长期专注研究合作金融的汉斯·格罗恩韦尔德教授两本著作的译稿，以此来介绍国际上合作金融最新研究成果。

本书的研究视角与主要观点。一是从历史角度来看，合作金融长期存在。

世界上第一家合作金融组织——1848 年德国赖夫艾森信用合作社（Raiffeisen）成立以来，合作金融组织已经历了 160 年的发展历史，而今，包括德国合作银行、荷兰合作银行、美国农场信贷系统、日本信用联合社等在内的各国合作金融机构都依旧发挥着重要作用；合作金融组织，不论在欧洲还是在亚洲，在发达国家还是在发展中国家，都与商业性金融、政策性金融一样，成为各国金融体系中的重要组成部分。二是从现实运营来看，合作金融机构有较强的竞争实力。例如，荷兰合作银行是扎根于食品和农业领域，活跃在 40 个国家，是荷兰第二大银行，被国际评级机构认定为 AA 级。而且比较国际金融危机前后，18 家样本合作银行在欧洲 13 个国家整体银行业的业绩表现普遍好于商业银行。这表明，合作银行在抵御国际金融危机中相对商业银行表现更加稳健。三是从东西方发展来看，合作金融制度起源于西方，而在东方文化中也显现出较好的成长性。日本、韩国和我国台湾地区都建立起了较成功的合作金融机构和组织体系，合作金融是推动农村经济发展的重要力量。

在本书中，对国际合作金融研究得出几点看法，（1）合作金融是成熟而有活力的金融制度，已经历 160 多年的发展历史，至今依旧发挥重要作用。（2）合作金融制度虽起源于欧洲，但在东亚文化的土壤里也能生根发芽。（3）合作金融自身处于不断地变化中，传统意义的合作原则在不同程度上被改变，但为社员利益最大化而不是利润最大化，这种合作金融的本质始终没变。（4）合作金融制度的长期存在与当地经济关系稳定有较大关系。（5）合作金融银行发展与自身风险管理能力增强有关。（6）欧洲各国对合作银行的监管，运用与商业银行相同的基本监管指标。（7）相比于商业银行，合作银行在抵御国际金融危机中表现得更加稳健。

从国际经验对我国的启示看，将我国的合作金融的行为和组织纳入立法之中，是引导我国合作金融制度有序发展的关键。但 2017 年 12 月 27 日第十二届全国人大修订的《中华人民共和国农民专业合作社法》，没有加入信用合作的内容，这是施行 10 年的《农民专业合作社法》迎来的首次修改。可见，合

作金融在当今中国的价值和作用还需长期深入研究，中国一直在摸索适合中国
国情的农村金融发展道路。

2020 年 9 月

目　录

第一章

德国合作金融的起源与发展

　　作为世界合作金融组织的发源地，经过160多年发展的德国合作金融，已形成遍布城乡的合作金融组织网络和健全的合作金融管理体制，成为欧洲最大的合作银行体系。同时，德国合作金融作为其国家金融体系中一个重要组成部分，不仅极大地推进了国家经济的发展，而且彰显出这一古老的金融组织方式在现代市场经济中仍有强大的生命力。因此，研究德国合作金融发展历史，对于中国金融体制改革无疑有着一定的理论和现实意义。

第一节　德国合作金融的起源

在当时条件下，贫困人口不能获得资金是合作金融最初兴起的动因，即向外得不到贷款，就向内集资互助，这是迄今为止研究合作金融起源的基本共识。

19世纪，德国广大的农业人口常常由于农田歉收等影响而饱受饥荒困扰，农民们的生活十分困难；同一时期，由于受到工业革命的影响，德国的商品经济萌发，农奴解放和土地自由买卖，使获得自由的农民生产积极性大幅提高，但由于缺乏生产资料和资金，农民仍然无法提高生活水平。有的许多农民不得不离开乡村，去城市寻找工作，以谋求更好的生活。而从农民转换为手工业者和小企业主，同样面临着缺乏资金的窘境，当时已存在的银行不愿意给农民或小手工业者提供资金。这就导致农民或城市手工业者不得不支付高额的利息从私人债主手中筹集资金，但最终因无法偿还的高额债务，导致许多农民失去土地经营权。

一、赖夫艾森市长创办农村信用合作组织

为解决农民或小企业主无法获得资金的困境，受合作思想的影响，德国开始探索建立互助合作组织。作为当时威雅布市（Weyerbusch）市长的赖夫艾森（Friedrich Wilhelm Raiffeisen, 1818—1888）下决心要改变这一状况。当时，英国罗虚代尔公平先锋社（The Rochdale Society of Equitable Pioneers）刚刚创立不久，合作制思想在欧洲大陆广为流传，赖夫艾森也接受了合作制思想，开始模仿城市手工业者组成社团的形式，将农村农民组织起来。1849年，在在60多位富裕平民的赞助下，赖夫艾森创立了"佛拉梅斯佛尔德清寒农人救助社"（Flammersfelder Hilfsverein zur Unterstützung Unbemittelter Landwirte），其主要目的是通过联合农民，组成合作社，以保护农民的利益。比如，由合作社统一采购生产资料，以抵抗不法商人的中间盘剥。赖夫艾森借鉴发源于英国合作运动的罗虚代尔原则，订立了农民合作组织的基本原则，即农民自愿加入合作组

织，平等互助；合作社为成员服务，不以盈利为目的。

互助合作组织建立后，赖夫艾森市长很快就发现，农民除了肥料之外，更需要资金。农民从最初的购买、生产、销售的合作，自然而然地涉及资金问题，于是信用合作呼之而出。而与此同时，为城市手工业者提供资金互助的信用合作社已出现。1847 年舒尔茨（Hermann Shulze- Delitzsch，1808—1883）在德国创立的第一个具有合作社性质，以自我帮扶、自我管理、自我负责为准则，为木匠和手工制鞋者服务的"原料联合会"（Rohrstoff Association für Tischler und Schuhmacher）。不久在 1850 年便成立了被称为"贷款协会"（Vorschussvereinen）的信用合作社，为城市小手工业者、职员等城市工商业者提供资金借贷业务，这就是今天 Volksbank 的前身。舒尔茨创办的城市信用合作社给赖夫艾森市长很大的启发：为什么农民不可以从合作社得到贷款呢？于是，1854 年至 1864 年十年间，赖夫艾森市长先后创立了"赫德斯多夫储蓄借贷协会"（Heddesorfer Darlehnskassenverein）和"普鲁士农民信用合作社"等农村信用合作组织。这些合作组织的设立旨在使农民免受高利贷剥削。

二、德国合作金融兴起

在赖夫艾森市长的努力下，普鲁士农民信用合作社经营达十年之久，并带动了其他地区农村信用合作社发展壮大。1872 年莱茵地区第一家农民信用合作社"莱茵农业合作银行"成立；1877 年 6 月 26 日赖夫艾森联合 24 家地方信用合作社，组成信用社的中央联合机构，成为德国赖夫艾森合作社总联合会。这就是今天赖夫艾森合作银行的前身。而赖夫艾森信用合作社的成功在全世界掀起了一场信用合作浪潮，特别是在欧洲，许多国家的农村信用社都称为"赖夫艾森信用社"。

与舒尔茨在城市建立的信用合作社相比，赖夫艾森的信用合作社模式有其特点：（1）带有一定的宗法和慈善性质。赖夫艾森信用合作社非常注重成员的道德品行，合作社不设股金，不支付股息。在合作社组建初期，可以从地方和市政机关以及教会等方面筹得一些资助，但主要资金来源是集资，集资对象包括个人、团体、机关以及合作社联盟。贷款以个人名义（以个人道义保证）

来发放，并且信用合作社的全部利润都不向成员分配。（2）成员负无限责任。合作社的组建章程规定，加入合作社的全体成员以其全部财产对信用合作社承担无限责任。（3）地方社隶属于中央社。在组织体制上，赖夫艾森原则要求各地方合作社隶属中央合作社。各信用合作社作为一个平台和纽带，将各地农村的一切事业都以合作方式展开，而中央信用合作社成为一个管理中枢，指导监督地方各社，这样能将无组织的农民全部联合起来，形成合力，提高农民话语权，从而改善农民生活和维护农民利益。

德国的现代合作金融业就是建立在农村地区的赖夫艾森信用合作社（后发展为赖夫艾森银行）和舒尔茨·德利奇在城市兴办的工商业合作社（后发展为大众银行）的基础上发展起来的。经过160余年的发展，目前已形成以中央合作金融机构为龙头、区域性中心合作金融机构为躯干、各地合作金融机构为基石较完备的现代合作金融体系。如今，以赖夫艾森合作银行作为主要股东之一的德国中央合作银行，已成为德国合作银行体系中的顶层机构，而德国合作银行体系也已经成为欧洲最大的合作银行体系。

第二节　德国合作金融萌生与兴起的成因

德国赖夫艾森信用合作社的萌生与兴起与当时的历史环境和商品经济发展有密切关系，也与德国组织方式和文化传统有关。

一、较强的内在市场需求

19世纪中叶的德国，农民纷纷获得自由，农民从被地主奴役的关系中解放出来，成为独立的生产者，其生产积极性大幅提高，但是，只有劳动力而没有必要的生产资料是无法从事生产活动的，而要获得生产资料的前提就是资金。刚获得自由的农民除了自由，其他几乎是一无所有。向地主借贷免不了会受到高利贷的盘剥，依靠教会的救助也是有限的。当时在德国商业银行已经存在了70多年，但商业银行追求利润的本性，是不会将收入低且还贷能力差的农民纳入服务范围。在这种缺乏外源的情况下，依靠穷人之间互帮互助是根本出路，而通过信用合作社的方式将农民有限的资金集中起来，从而探索出一条农民能得到贷款和获得资金的新路。可见，内在强大的农民资金需求催生了农民信用合作社这一组织制度的创新。

二、较好的信用保证机制

在建立之初，德国信用合作社就有较严格的管理规定，凡是不符合规定的成员会被逐出。但在合作社制度管理之外，还有一个非常重要的制约因素，主是宗教。借债还钱、守则履约既是宗教教义，也是人们崇尚和遵守的基本品质。西方信用观念有一部分是与宗教观念相联系的，这在一定程度上形成了信用合作社成员的信用保证机制。到了信用合作社发展的后期，合作社成熟的制度建设也逐渐代替传统的理念或宗教约束，特别是，强有力的审计系统和完善的风险防范机制为德国合作金融的发展提供了制度保障。

三、较明确的法律地位

赖夫艾森信用合作社从发展成立之初到后期成熟壮大，都是在法规政策允许的范围内。1867 年普鲁士通过了《关于经营和经济合作社合法地位法》，以法律形式确立了信用合作社的合法地位。该法后来先后经历数十次修改，但其基本框架保持不变。德国的合作社法将信贷合作社和其他生产、销售、消费等各种类型的合作社都列入了合作社法的规范对象，规定其享有独立法人地位，与其他经济组织处于同等的竞争主体地位。现在，德国的合作社法是与公司法同等重要的主体法，这对德国合作金融制度的发展起到了积极的作用。

四、坚守合作制原则

160 多年来，德国的经济和银行体制都发生了很大的变化，但德国合作银行始终坚持合作制原则和为成员服务的宗旨。合作银行的股东，就是加入信用合作的成员，也是合作银行服务的主要客户，合作银行的各项业务就是紧紧围绕成员的需要开展。时至今日，处于合作银行体系顶端的德国中央合作银行依旧把推动合作体系的健康发展和为成员服务作为其主要任务。

第三节　德国合作金融的发展现状

目前，德国的合作金融组织已形成遍布城乡的合作金融组织网络和健全的合作金融管理体制，是欧洲最大的合作银行体系，共拥有地方合作银行 1 101 家，中央级合作银行 2 家，营业网点 13 211 家，员工 173 000 余人，以及 3 000 多万客户。德国合作银行创立之初的经营理念是不以盈利为目的，主要为会员提供金融服务，这一理念一直延续至今。

一、合作银行是德国银行体系中重要组织部分

现有的德国银行体系按照从事的业务种类，分为全能银行和专业银行。全能银行又分为商业银行、储蓄银行和合作银行三大类。由于德国银行业实行混业经营制度，全能银行除了从事银行业务外，还可以经营证券和保险等业务。而与全能银行相比，德国专业银行只能从事其营业许可证所规定的特定金融服务，如抵押按揭银行、基建信贷银行、德意志清算代理处以及其他具有特殊职能的银行等。具体结构如图 1-1 所示。

1. 商业银行

商业银行主要指大银行、地区性银行和其他商业银行。大银行的特点是资产雄厚、业务齐全、机构分布广泛，有的还拥有遍布全球的分支机构，如德意志银行、德国商业银行和德累斯顿银行等。地区性银行和其他商业银行各自的规模、形式和业务不尽相同，差异较大。有些较大地区性银行可以在全国开展业务，如巴伐利亚统一抵押银行、西德意志州银行、巴登—符腾堡州发展银行等。有的银行只在本地开展业务。

2. 储蓄银行

储蓄银行主要包括德意志汇划中心银行、地区储蓄银行汇划中心以及乡镇储蓄所。储蓄银行由政府控股，最初的主要任务是办理中小客户的存贷业务，但随着竞争推动，有的储蓄银行逐渐发展成为全能银行。

3. 合作银行

由多家地方性合作银行和两家中央级合作银行构成。合作银行模式是由19世纪中期的农村地区信用合作银行和城市地区的工商合作银行发展演变而来的。合作银行的经营目标是为其成员提供金融服务，也是全能银行。

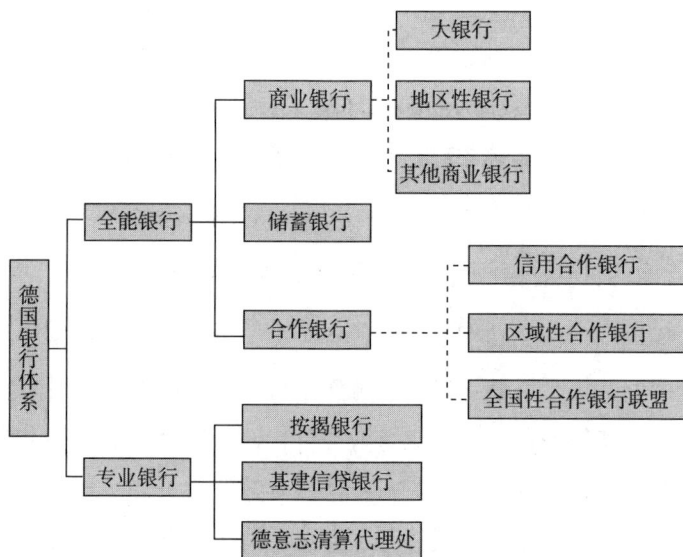

图1-1　德国银行体系

二、德国合作银行的组织特点

1. 合作银行体系的组织构架

德国的合作银行组织体系由原来的三级构成：初级信用合作社、地区信贷合作银行和全国性的德国合作银行，转为"地方—中央"的两级模式。第一层，是地方性基层信用合作社（又叫"地方合作银行"），为独立企业法人。资本金主要来自农户、小农场主、银行雇员、自由职业者以及社会援助。全德国共有1 000多家地方合作银行。第二层，德国中央合作银行。由两家中央级合作银行组成，即德国中央合作银行（DZ Bank AG：Deutsche Zentral-Genossenschaftsbank，Frankfurt am Main）（不包括莱茵及威斯特法伦地区）和西德中央合作银行（WGZ Bank AG：Westdeutsche Genossenschafts-

Zentralbank）。2014 年 3 月德国两家合作银行 DG Bank AG 与 GZ–Bank AG，同意以 240 亿德国马克（合 105 亿美元）合并，组成新银行为 DZ Bank（德国中央合作银行），由双方共同拥有。合并后的新银行资产将超过 3000 亿美元，并成为德国大约 1500 家地方银行的中央清算银行。现在的德国中央合作银行与各地方合作银行之间存在由下而上的持股关系。目前，德国中央合作银行是德国的一家经营多种业务的银行，提供证券，投资，金融，电子银行等服务。在伦敦、香港、东京、纽约等世界金融中心均设有分支机构。2018 年德国中央合作银行的总资产为 6 071.3 亿美元，营业收入为 335.6 亿美元，利润 10.78 亿美元，在 2018 年的世界 500 强排行榜上居 355 位。德国中央合作银行在德国合作金融体系中占主导地位。

另外，除去"地方—中央"两层体系，作为行业自律组织和中央管理机构，德国全国信用合作联盟（Bundesverband der Deutschen Volksbanken und Raiffeisenbanken，BVR），也可以看作德国合作金融体系的第三层。各级合作银行机构和其他专业的合作机构都是德国全国信用合作联盟的会员，联盟不仅可以通过自律行为来减轻行政当局的管理负担，也承担着对外保护会员利益和协调沟通与政府各部门间的关系，还为会员做好对外宣传工作和处理好公共关系事务。

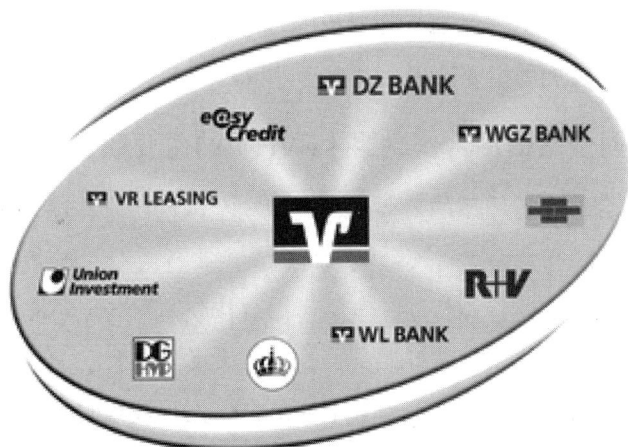

图 1–2　德国全国信用合作联盟（BVR）的组织关系

2. 德国的合作银行股权结构体系

在德国，各层级信用合作组织和合作银行都是依法设立、独立核算、自主经营的经济实体，都是具有独立法人资格的金融机构。中央与地方两级合作银行之间无行政隶属关系，只有经济上的联合，实行自下而上的入股和自上而下的服务，中央和地方两级合作银行形成强大的合作银行系统。现有的 1 101 家地方合作银行是由农民、城市居民、个体私营企业和其他中小企业入股组成的。德国中央合作银行也是由地方合作银行按照股份制原则入股组建而成，地方合作银行持股在德国中央合作银行股权结构中占比在 90% 左右。德国全国信用合作联盟（BVR），是由区域性合作银行和地方合作银行入股组成的。以 2005 年为例，地方合作银行在德国全国信用合作联盟的股份中直接入股和通过区域性合作银行间接入股比例为 78.6%，总持股数为 22.63 亿欧元。其他合作性的非金融企业拥有 7.5% 的股份，总持股数为 2.16 亿欧元。值得一提的是，在 2008 年席卷全球的金融危机中，德国的合作银行体系与其他商业银行相比，不仅未受到冲击，反而得到很大的发展。这些都得益于合作银行体系独特的股权结构、经营策略和救助机制。目前在标准普尔和惠誉信用评级中，德国全国信用合作联盟的等级分别为 AA- 级和 A+ 级。此外，值得我们注意的是，德国合作银行体系注重经营稳健，主要业务立足于传统业务，在产品和技术开发过程中，坚持"没有最好，只有最适合"的原则，很少开展投资银行业务，也不从事金融衍生产品业务，这些都是确保德国合作金融系统在本次金融危机中能够持续经营、有序发展的主要原因。

三、德国全国信用合作联盟（BVR）的主要职责

作为整个合作银行体系的重要部分，德国全国信用合作联盟（BVR）（又称德意志合作金融联合会）对其合作银行成员主要行使三大职责。

第一，对成员的监督和救助。全国信用合作联盟对各成员实施等级管理。每年按照一定的指标体系，将各成员行分为三大类（正常、关注、有问题），分别采取不同的监督管理策略。当某个成员合作银行被划归为第三类时，联盟会采取以下措施进行监督救助：一是要求该行降低成本，减少支出、裁员、降

低贷款、更换高管等进行自救；二是联盟提供资金注入（资金来源为各成员行历年缴纳建立的保险金，被救助银行待经营状况有所好转后要归还）；三是由周边经营良好的其他成员合作银行对其进行合并。在以全国信用合作联盟为主导的监督救助机制下，德国合作银行体系运行良好，抗风险能力明显高于其他金融机构。

第二，向成员提供战略性咨询和统一的对外宣传。全国信用合作联盟会不定期地为成员制定统一的宣传策略，并为成员提供法律、税务以及企业经营管理方面的咨询服务。

第三，对外维护成员权益及利益。全国信用合作联盟对外代表各成员统一负责与政府各职能部门和欧盟各金融监管部门进行联络、沟通及协调，并代表成员利益争取相关政策及权益。

四、德国合作金融的监督管理体系和风险防范机制

1. 在监督管理上，合作银行与商业银行使用同样的标准

德国的金融监管当局对合作金融系统实行整体监管，在风险指标、监管要求方面与商业银行使用同样的标准，只是在侧重点上略有不同。德国金融服务局（BaFin，又称联邦金融监察局）认为，合作金融的风险主要来自中央级的合作银行，对地方合作银行的风险，BaFin 除了要求其满足基本监管指标外，主要通过加强对德国全国信用合作联盟（BVR）安全系统的监管，保证较高的风险承受能力，同时，BaFin 还通过行业协会对合作银行体系进行年度整体审计，评估风险。

具体来说，德国银行、证券和保险这三类金融机构都统一由联邦金融监察局及联邦中央银行负责监管，监察局隶属联邦财政部。第一，对各地方合作银行的监管，主要依托联邦中央银行和地区合作审计协会进行。同时，德国合作银行与其他商业银行地位相同，合作银行的组织设立要遵循合作社法；其业务运作要遵循商业银行法。第二，联邦金融监察局在各州和地方没有分支机构，因此联邦金融监察局对中央合作银行进行重点监管，而对地方合作银行的监管主要是非现场监管，对地方合作银行的现场监管，即资本监管、流动性监管和

监管数据及信息的获得主要依靠地区合作审计协会（BGV）和联邦中央银行及其各地分行。第三，地区合作审计协会（BGV）受联邦金融监察局的委托，对地方合作银行依据商业银行法和合作社法进行审计，审计内容不仅包括资产负债、贷款、损益等业务财务情况，还包括地方合作银行的经营管理情况，如主要负责人和管理人员的经营行为、管理能力、执行制度情况等。对审计中发现的问题，审计协会有部分的处置权和建议权。

2. 地区合作审计协会（BGV）是合作银行的主要监督机构

德国《合作社法》第54条规定，合作银行成立前需经地区合作审计协会（BGV）审计通过，成立后必须加入一个地区合作审计协会，并接受定期审计。审计费用由合作银行承担。如在审计过程中发现影响合作银行发展的重大问题要立即通知监事会，并与其一起解决问题。审计结束后要形成详细的总结报告，分别上报联邦金融监察局和联邦中央银行，并督促监事会解决存在的问题，监事会要将审计结果通告每一位成员。地区合作审计协会（BGV）对合作银行的机构、资产及业务活动定期进行审计监督。

地区合作审计协会（BGV）的审计用他们自己的话说就是"负有职责的企业审计"。在德国，合作银行的保障机制（合作银行的保险制度）规定，地方合作银行向地区合作审计协会（BGV）缴纳保障基金。如果地区合作审计协会（BGV）在审计中发现，某家合作银行资本充足率低于规定标准，应及时报告给联邦金融监察局，联邦金融监察局就会对合作银行制订监管处置方案，包括采取重组或关闭等措施。而当有严重问题的合作银行出现资不抵债需要关闭或者机构重组时，被关闭或者兼并的合作银行资不抵债的部分由其向地区合作审计协会（BGV）收缴的保障基金全额补偿，以保证存款人的利益。

地区合作审计协会（BGV）还承担着对合作银行进行评级的职责。评级从A+级到D级其分为8个级，按照不同评级确定合作银行缴纳保障基金的比例，基本征收费率为给其客户贷款总额的0.5‰，评为A+级的合作银行，缴纳费率为基本费率的90%；评为D级的合作银行，缴纳费率为基本费率的140%。将银行的评级与缴费相结合，这有利于引导合作银行改善经营管理和加强风险防范，同时也体现地区合作审计协会（BGV）审计的"责、权、利"相统一，正如所言是"负有职责 的企业审计"。另外，地区合作审计协会（BGV）除了审计之外，还负责合作银行的咨询和培训。德国这种市场化的审计机制较为成功，其监管经验非常值得借鉴。

3. 在风险防范机制上，有其独特安排

德国合作银行在风险防范方面有自己的特点。首先，在合作银行中建立了信贷保证（也是风险保证）基金制度。地方合作银行每年按信贷资产 1%~2% 的比例向区域审计联盟缴纳保证基金，这样能有效地防范合作银行的支付风险，也使整个合作银行体系安全有效。其次，健全的资金融通和资金清算系统。合作银行有着自己完善的全国性银行结算清算网络，所有的地方合作银行都要加入这个网络，跨系统的结算业务都通过联邦中央银行的支付系统进行清算，这样能保证资金的流动性和效益性。再次，建立了严格的贷款发放检查审批制度。合作银行一般偏向于发放短期贷款，但对客户设有贷款极值和设有严格的审批程序，对一些大额贷款，比如超过 300 万欧元的贷款，必须经监事会聘请外部审计部门审计，经批准后才能发放。

第四节　德国农业特点和农业合作社的发展

一、德国农业发展特点

德国位于中欧西部，濒临北海和波罗的海，国土面积 35.7 万平方公里，人口约 8 200 万人。根据德国政府统计，截至 2016 年，全国总面积 3 579 万公顷，其中，农业用地面积为 1 660 万公顷，占比 47%，这包括 33% 的耕地和作物 1 190 万公顷；13% 的草地 470 万公顷；1% 水果树木苗圃。

德国既是一个有强大工业的国家，也是有强大农业的国家。农业不仅提供给人们高品质的食品，而且还提供能源和原料。如果将德国整个农业产业链，包括饲料、农机、农产品加工等各个部门计算在内，德国农业对国民经济的贡献约占 7%，涉农企业提供的工作岗位约占全国就业人数的 10%。

德国农业高度发达，其主要特点为：一是农产品自给率高。80% 以上的农产品能够自给，部分进口主要用于调剂品种或价格因素。德国食品需求的十分之九来自国内生产，就牛奶和肉类而言，德国出口大于进口。德国农产品出口约占其总产量的三分之一。但是，对于水果和蔬菜而言，德国进口高于出口。所以，德国既是世界第三大农产品进口国，又是第三大农产品出口国。总体来讲，德国是一个净进口国，进口大于出口。二是农业生产效率高。农业从业人口约占总劳动力的 4%，平均每个劳动力可以养活 124 人。三是农业机械程度较高。德国从播种到收获全部机械化，而且机械性能高，极大地促进了德国的农业生产。四是农业科技含量高。德国农业建成许多重点实验室，特别是在新品种选育和新的栽培技术以及病虫害防治技术等方面，为德国农业生产乃至世界农业生产的发展作出了重要贡献。五是农业领域广泛运用数字技术。在德国，农业和农业技术处于数字革命的前沿。农田和农场的自动化工作流程早就出现了，精准农业技术在农业的的应用也已经超过 20 多年，自动驾驶已经在农业领域成为现实。现在德国农民都学会利用传感器。奶农通过带有传感器的挤奶系统和设备，分析出牛奶成分或奶牛的身体状况，并即时向农民提供信息。农民通过拖拉机上的传感器，准确地获得施肥的精确剂量和方式，从而避免过度施肥。德国的数字技术为农业及其上下游产业提供更好的发展机会。六是注重利用生物能源。近年来，德国农民在土地和建筑屋顶建造风力发电机和太阳能收集系统，同时在农业生产过程中注重生产生物质，这包括能源植物，如油菜籽或玉米；残余物和副产品，如粪肥或秸秆，当然还有木材等。目前，生物质是德国最重要的可再生能源，占 2018 年能源消耗的 7.5%。因此，生物能源能够减少温室气体的排放，从而有利于减缓气候变化。七是农业组织化程度高。德国的275 400 个农场中有许多较小的农场，但德国农业在很大程度上是由大农场主导的，而且农场的平均规模仍在继续增长，大约 10% 的农场耕种现在超过50% 的农业用地，每个农场至少有 100 公顷的土地，其中 1 500 个最大的农场每个至少有 1 000 公顷的土地。这种发展格局在畜牧业方面更有利，在德国的40 300 个养猪户中，规模最大的 2800 个养猪场总共饲养了超过 1 100 万头猪，超过总存栏的三分之一。鸡蛋和肉鸡的生产是高度专业化和规模化的，2016年初，200 家最大的农场饲养了总存栏的 55%。他们每个农场至少有 5 万只母鸡。德国还有各种联合体 1 079 个，各类合作社 1 万多个，涵盖了对大部分农产品及销售、加工企业，实现了农工一体化、产销一体化。八是农民收入较高。德国的农业发展以中小家庭农场为主，90% 的农户经营饲养业及普通种植业，10% 的农户是水果、蔬菜、烟草等专业户，畜牧业是德国大多数家庭农场的重要收入来源。过去五年（2013/2014—2017/2018），德国全职农场的平均年利润约为 5.42 万欧元。对于每个在农场工作的人来说，这相当于大约 32 000 欧元的收入。但德国兼职农场的务农收入远不到其总收入的一半。另外，德国联邦政府和各州会向农业提供的农业财政援助，占了农民收入的很大一部分。2014 年到 2020 年德国每年用于农业支持的社区资源总额约为 62 亿欧元。援助基金的主要预算项目是直接支付。也就是说，所有农民无论生产什么或生产多少，每公顷都会得到一个标准的数目，例如，在"绿色计划"下，政府援助的 30% 直接支付资金与农民遵守特定的气候和环境友好型耕作方法挂钩。总之，为确保农产品安全和高质量，德国通过共同的农业政策向农民和农村提供资金，以稳定农民的收入。

二、德国农业合作社的支持政策和发展前景

作为国家经济的重要组成部分，德国政府对农业产业发展也极其重视，并建立相应的农村金融制度对农业发展进行支持。

1. 德国合作金融有扎实的法律基础

自 1867 年德国制定第一部合作社法以来，德国合作社（包括德国信用合作合作社在内）就在明确的法律基础上设立和发展变化。现今，德国的合作社法是与公司法一样同等重要的主体法，是法律体系中不可或缺的一项基本法，该法具有综合性，能指导和规范不同类型合作社组织的经济行为。

最新修订的《德国经营及经济合作社法》，进一步完善了合作社的行为规则，对各类合作社的法人地位、法律责任、社员出资、组织治理、盈余分配、法定审计、解散清算等诸多问题都作出了详尽的规定。其中的主要内容有：（1）不再限定成员数量。合作社最低成员人数从 7 人降到 3 人，这相当于在法律上为合作社的设立清除了障碍。（2）进一步明确合作社的性质。合作社是

以增进成员的收益为目的、并通过成员的共同业务活动来实现这一目的的团体。（3）合作社的经营管理活动应遵循商法典。（4）合作社对外债务关系。合作社以合作社资产向债权人承担债务，而不是由合作社成员个人对外承担债务。（5）入社的基本条件。成员或社员要加入合作社必须交缴一次性投入，具体金额及其使用、分配办法由合作社章程规定。（6）合作社的管理方式。合作社实行民主管理，实行监事会和社员大会分权制。社员一人一票。允许合作社按章程规定为那些对合作社经营作出特殊贡献的社员设置多票权，但最多不超过三票。（7）年度盈余分配。合作社的年度盈余应向社员分配，可以按社员股金比例分配，也可以由章程规定其他的分配方式。（8）接受外部审计监督。合作社成立前必须经当地合作社审计协会审计通过，成立后必须加入所在地区的合作社审计协会，并接受定期审计。

2. 德国对农业合作社有较多优惠政策

除了为合作社立法之外，德国政府还通过财政补贴、信贷优惠和其他一些优惠政策来支持合作社的发展。（1）财政方面。早在德国农业合作社的普遍发展阶段，政府就对农业合作社的发展予以了财政资金的支持。1896年和1897年，普鲁士政府对合作社谷物仓储设施的建设给予了500万马克的资助，将普鲁士中心合作社的原始资本提高到了3 000万马克，专门用于谷物仓储运作的费用开支。东西两德统一后，政府对原民主德国地区农业合作社的重组给予了较大的财政支持，帮助他们迅速适应市场环境，尽早在市场经济条件下重新运转。德国政府对合作社的财政补贴范围较广，主要包括中小型企业的增资扩股、内陆水域治理、农村土地归整、新企业创设期扶持、农民专业技能培训等。政府对合作社补贴的方式也多样，包括设立农村贷款特别是农村种养企业贷款的最高利率上限、降低贷款利息率、或直接安排低息贷款。政府还规定，新成立的农业合作社5年内可享受创业资助，主要包括人工费用、办公设备和咨询费，最初资助的比例为60%，再逐年减少；合作社成立的7年内可享受投资资助，包括对于采购、加工、销售、仓储、包装等经营性投资，资助额最高为投资总额的35%，但不超过其销售收入3%。可以说，德国政府对农业合作社的发展始终采取财政扶持政策，是合作社百年来行稳致远的重要力量。

（2）信贷方面。自1954年开始，德国联邦政府就对农村信贷实行了贷款利息补贴，德国政府对农业合作社实施特殊性的信贷管理政策，并支持信贷合作社的发展，鼓励合作银行向农民提供低息贷款。（3）其他优惠政策。德国政府还对合作社实行多种税收优惠政策，如合作社免交营业税、合作社用税后利润来投资的部分免征所得税等；政府还对合作社的经营活动给予资助，如对合作社建设谷物仓储设施给予一定财政资助。总之，一系列财政、信贷、税收政策都极大地促进了德国农业合作社的发展。

3. 德国农业合作社的发展前景

近年来，农业合作社所面临的经济环境发生了很大变化，除技术进步加快以外，还包括农产品贸易的自由化、经济活动的自由化、农业工业化及消费者需求多样化等，这些变化不仅推动了农业和农民自身的变革，也促使农产品供应链上各节点的组织结构及相互关系的改变，这些内外部经济环境的变化，给农业合作社的发展带来较大的压力。

为保持德国合作社的竞争优势，农业合作社通过持续的重组与并购、纵向垂直联合、运营机制多样化、经营国际化和筹资渠道的多元化等多种变革，来增强农业合作社发展实力。

（1）组织结构变革

第一，横向一体化。德国农业合作社为提高竞争实力，纷纷通过合并、联合、重组等各种方式，扩大合作社的规模和市场份额。自20世纪50年代后，赖夫艾森联盟就开展了以扩大合作社规模和提高市场竞争能力为目标的"横向一体化"，导致合作社数量减少，而社均成员数目增加。

第二，纵向一体化。德国农业合作社往往是以同一产业或是专业性合作社方式出现，例如，奶制品和牛奶加工合作社、牲畜和肉类加工合作社、葡萄合作社、果蔬合作社等。这类合作社的专业性比较强，通常是以某一种或几种农产品为主业，通过成立行业协会或专业性合作社而组建的。各专业性合作社也基本上是以产业为纽带，跨区经营，一般不受社区限制。但是由于这些专业性合作社通常是"单一性经营"，存在生产周期和产业风险"双同步"的问题，容易出现产业风险大和农业效率低下的缺陷。为增强盈余和可持续发展，专业合作社逐步扩大综合经营范围，合作社的业务已不仅限于生产资料的供应和农产品的销售，而是扩大到"从田间到餐桌"的一条龙式的产业链。这种纵向一体化的好处：一是农工商之间的配合更密切，更利于快速而顺利地完成从生产到消费的整个过程。二是有利于增加农产品的附加值，赚取更多的利润。三是增加了很多工序，利于安置更多人就业。总之，德国农工商一体化的合作社发展已成为欧盟各国合作社发展的一种共同趋势。

（2）筹集资金方式的变革

传统的德国农业合作社筹资方式以合作社自有资金和借贷资金为主，还有部分社会资助和政府补贴资金，合作社的自有资金主要源于社员的入股资金和合作社净收入提留两部分。而借贷资金主要是合作社通过向商业银行、合作银行和保险公司等借贷而取得一部分债务资金。随着工业化和国际化加深以及市场竞争的加剧，合作社需要更多的资金用于业务扩张和对外营销等多项事务，而仅仅依靠传统的信贷资金筹集方式是难以满足合作社发展的资金需求，于是出现一些创新的融资方式，如允许部分外部成员投资入股、公开发行股票等。

（3）合作社国际化的变革

随着农业合作社的发展壮大，业务经营范围由国内走向国际已经成为德国农业合作社的战略选择。德国农业合作社的国际化经营战略主要表现在几个方面：①在合作社内，外国成员数量增加。比如，德国牛奶合作社里有比利时成员；淀粉合作社有荷兰的成员。②国际业务占比呈上升态势。德国农业合作社已经把它们的农产品营销到南北美、亚洲等国家。③国际化业务带来了规模优势。国际化经营战略实施，一方面给德国农业合作社带来规模经济优势；另一方面给合作社成员提供来自其他国家农村合作金融国际经验研究的产品和技术信息。另外，国际贸易促使德国农业合作社突破国内市场的限制，进一步扩大业务范围。

（4）合作机制的变革

根据德国合作社法，合作社是不以盈利为目的的组织。但是近年来，在一些合作社中（尤其是消费合作社和信贷合作社中），出现了向营利性企业发展的趋势。主要表现有：①变全员大会为代表大会。由于合作社规模的不断扩大和社员人数进一步增加，为简化决策程序，合作社将原来的全员大会逐步被代表大会所替代。②强调专业领导能力。目前，合作社的理事会由专业人员组成，由非专业人员组成的监事会难以对其实施监督，致使理事会逐步变成由非合作社成员的专业性人员担当管理职务的领导机构。③由人合组织变为资合组织。早期合作社实行的是无限责任，而现行的合作社法已明文规定，合作社可以在章程中明确社员个人是否要对合作社的债务负责。这表明合作社的"人合组织"性质受到削弱，而"资合组织"性质有所增强。④非成员的利益有所增强。出于市场竞争的需要，合作社的非社员业务不断增加，这在一定程度上削弱了对社员的帮助和扶持，使得社员地位趋同于一般的顾客或业务伙伴。

　　总体看来，近年来，德国合作社的合作机制不断发生变化，最终归结于市场竞争的结果；而对成员利益方面发生的变化主要合作社从非营利性向营利性组织发展的必然结果。首先，随着经济的发展和市场条件的改善，合作社成员的经济实力和个人行为能力有所提高，他们对于合作社的依赖程度也相应地有所降低。其次，随着合作社结构转换的不断深化，合作社的规模不断扩大，合作社成员的增加带来了成员结构的改变，比如农民成员的比例下降，这就必然会对合作社的组织目标和行为造成影响。最后，随着合作社逐步向营利性组织的方向发展，德国农业合作社与非社员的交易呈现扩大的趋势。比如在竞争比较激烈的产业领域，合作社往往趋向于增加与非成员的贸易，这样更有利于减少成本、扩大规模及防止季节性变动等。总之，竞争的压力和发展的动力都推动着合作社更强调企业利益和可持续发展，而合作社成员利益逐渐弱化，但合作社的基本性质并没有发生根本改变。

第二章

英国的农村金融和合作金融体系 [1]

英国是世界上最早的合作理想发源地，但英国的合作金融机构却晚于德国。19世纪末期英国的信用合作社开始萌发，但合作金融并不发达，且不成体系；1960年，在北爱尔兰的德里成立了英国第一个有记录的信用合作社。有趣的是，德国农村信用合作社创始人赖夫艾森市长，受当时欧洲大陆广泛流传的合作制思想的影响和英国罗虚代尔公平先锋社创立的启发，在1854—1864年先后创立了"赫德斯多夫储蓄借贷协会"（Heddesorfer Darlehnskassenverein）和"普鲁士农民信用合作社"等农村信用合作组织。可见，欧洲的合作金融产生和发展是有根基和土壤的，而且在欧洲各国之间相互影响。

英国的合作金融体系，由信用合作社（300多家）和合作性质的金融机构组成：信托储蓄银行（TSB）和房屋贷款协会（或叫房屋按揭社，building society）。英国的信用合作社是农村金融体系的一部分，英国涉农金融组织主要包括政府涉农金融机构、商业金融机构、合作金融机构、乡村金融机构。英国涉农金融制度的特点是：以法律形式予以确认和实施，没有形成独立、完整的农村金融体系。

---

[1] 本章由谭智心博士主笔。

第一节　英国农村金融体系框架

一、政府涉农金融机构

英国 1928 年颁布的《农业信用法》规定，政府或政府机构不得提供农业信贷，也不特设机构从事农业信贷。同时，为避免商业金融对农业信贷领域的垄断、加强金融市场调控，以及弥补商业金融的缺陷，政府牵头设立了一些农村金融机构，主要包括农业信贷公司、农业抵押公司、土地改良公司等。这些金融机构较为独立，政府并不出资，也不参与实际运作。

农业信贷公司根据 1928 年农业信用法的相关规定由全国农业协会建立，以提供担保的方式帮助农民获得银行信贷，主要用于约定的农场改进项目。当银行收不回贷款向公司索赔时，政府将承担一部分责任。农民与银行签订动产担保抵押贷款协议后，在一周内须到土地登记处向农业信贷管理人登记，这样的契约才能得到法律的保障。银行对登记后的协议享有索赔优先权，而且优先于地租和税负。

农业抵押公司是一个民办官管的股份公司，英格兰银行等 10 家商业银行作为股东认购其全部 65 万英镑的股本。它自己不设分支机构，利用股东银行的乡村机构办理相关业务，政府主要提供无息贷款资助，并对公司的股息和分红进行限制。

土地改良公司的主要业务是负责发放农地及农业建筑物改良贷款。除此之外，北爱尔兰农业信贷资金会、苏格兰农业保证公司以及一些参加英国保险协会的公司也存在一些发放资产抵押贷款的业务。

二、商业金融机构

商业银行被称为"全能银行"，巴克莱银行、国民西敏寺银行、劳埃德银行、汇丰控股银行以及渣打银行五大商业银行承担了英国 70% 以上的农村金融业务，其分支机构遍布英国乡村。英国商业银行提供的农业中短期贷款约占

50%，通常以无抵押透支形式为主，其中 1/3 是无担保贷款，但要求农场主为家禽和农具购买保险。商业银行在英国的农村金融市场中居于主导地位，为农村经济发展提供了强有力的资金支持，但也容易产生垄断，给市场管理与运行带来了一定程度的负面影响。

三、合作金融机构

英国的信用合作社产生于 19 世纪末期，但合作金融组织很少而且不成体系，合作金融总体来看并不发达。英国的信用合作社是一种遵循互助合作基本原则的非营利性的社团组织，向社员提供贷款的利率较低，条件也比较优惠。英国 1979 年通过的《信用合作社法案》规定，除办公房屋外，信用社不能投资不动产项目，同时规定信用社必须结合保险以应对意外风险。1980 年英国共有农村信用合作社 150 个，2015 年则发展到 312 个，大约有 1.93% 的人口是合作社成员。与之相比，爱尔兰有 74.47% 的人口是合作社成员，美国和加拿大的比例分别是 52.61% 和 46.71%。由此可知，英国作为合作思想的启蒙地，信用合作社发展非常缓慢。原因主要在于商业银行在英国从事农村金融的历史和传统较为悠久，抑制了合作信用的产生。同时，政府对农业的高额补贴使得农业收入较高，银行资金和商业信用的流入对合作金融的发展形成了进一步冲击。

表 2-1　2015 年欧洲部分国家信用合作社发展情况

国家	信用合作和其他合作金融组织（家）	成员数量	股份总额（USD）	贷款（USD）	储蓄（USD）	资产（USD）	成员占比（%）
阿尔巴尼亚	117	48 410	21 600 000	NA.	NA.	47 400 000	1.66
白俄罗斯	6	500	NA.	NA.	NA.	150 000	5.27
英国	312	1 263 131	2 440 176 058	908 043 353	196 492 282	17 689 398 55	1.93
爱尔兰	390	3 500 000	14 130 732 159	4 543 637 014	2 708 504 325	17 007 597 281	74.47

续表

国家	信用合作和其他合作金融组织（家）	成员数量	股份总额（USD）	贷款（USD）	储蓄（USD）	资产（USD）	成员占比（%）
立陶宛	63	142 603	553 723 017	377 483 912	69 627 437	655 323 042	4.86
摩尔多瓦	283	129 583	331 100	1 193 967	10 278 944	32 563 325	3.19
波兰	40	1 934 482	2 614 080 432	1 765 767 278	46 487 795	2 806 756 987	5.01
乌克兰	462	900 074	47 710 263	66 672 842	33 668 025	75 287 144	2.02
欧洲	2 033	8 386 913	20 194 572 627	8 003 492 515	3 121 751 024	22 971 650 629	4

资料来源：World Council of Credit Unions 2016 Statistical Report。

四、乡村金融机构

英国乡村银行 1750 年有 30 多家，1770 年发展到 50 家，1800 年发展到 80 家，到 1810 年拥有执照的乡村银行达到 783 家。但是，随着大型商业银行在农村业务领域的逐步拓展，以及英国高度的城乡一体化因素的影响，曾盛极一时的乡村银行在 20 世纪初期基本退出了英国农村金融市场。

英国农村金融体系的特点是：以商业银行为供给主体，以功能明确、分工协作的农村金融组织为辅助，全方位满足农村发展的资金需求。英国农村金融机构商业化发展趋势较为明显，以商业银行为主提供农业动产担保及无担保中短期信贷，辅之以政府金融提供农业不动产抵押长期信贷，较好地满足了农村各类金融需求。

表 2-2　英国农村金融体系的构成及特点

机构	特点
政府 / 政策性金融	民办官管；股份制；不设分支机构，借助股东行分支机构开办业务；面向公众提供长期金融及其他业务
商业金融	分支机构遍布乡村；商业银行普遍兼营农村金融业务；提供中短期信贷；农村金融供给主体，协调金融资源支持农村经济发展

机构	特点
合作金融	机构数量少，发展不充分；强调互助合作；非营利性
乡村金融机构	逐渐消亡

第二节　英国的信用合作社

英国是现代合作事业的发源地，但信用合作的出现却稍晚于德国。1960 年，第一个有记录的信用合作社成立于北爱尔兰的德里。1964 年在伦敦北部成立了 Hornsey 合作社，这是英国现代意义上的信用合作社。20 世纪 60 年代，伦敦和苏格兰逐渐建立起来的信用合作社，是现代信用合作社的基础。这类合作社在加勒比海地区很受欢迎，第一代加勒比裔英国人成为信用合作社的成员。到 1998 年，在加勒比海的英国成年人中，有 38% 是信用社的成员。在苏格兰，一些信用社是由来自爱尔兰的移民建立的。在格拉斯哥，信用社的覆盖率和成员身份很广，六分之一的格拉斯哥人都是信用社成员。

一、英国的《信用社法案》

1979 年《信用社法案》通过之前，英国在信用合作社的法律方面较为缺乏。早期一些的信用合作社选择在《公司法案》下注册。1979 年，英国第一次通过立法对信用合作社进行规范。该法案要求苏格兰、威尔士和英格兰所有的信用合作社都要向相关登记处登记为互助会，遵守互助的原则，并遵守共同的规则。登记处的登记员有义务监测信用合作社的活动，他们必须向登记处提交信用合作社季度和年度的报表。在必要的时候，法案允许登记员暂停信用合作社的运营，检举、举报、起诉信用合作社违法的金融活动。

1979 年《信用社法案》对信用合作社的注册、成员权益、运营、借贷及其他问题做了很多规定。2014 年，英国又对 1979 年《信用社法案》做了修订，但实质内容并未发生很多变化。下面就 1979 年《信用社法案》的主要内容进行说明。

1. 合作社成立的目的

第一，通过成员的储蓄行为推动社团成员节俭；

第二，在一个公平合理的利率环境下，为合作社成员创造更多信贷条件资源；

第三，通过合理使用合作社成员的储蓄促进成员之间的互助；

第四，对成员的理财等金融行为进行教育与培训。

2. 成为合作社社员的条件

第一，从事特定职业；

第二，居住在合作社规定的某个特定的区域；

第三，在该特定的区域内工作；

第四，由某个雇主雇用；

第五，成为某个组织（该组织不能是恶性性质的组织）的成员，或者是跟某个组织的成员有联系（不能以成立新的信用合作社为目的）。

3. 关于社员的其他规定

第一，只有个人才能成为合作社的成员；

第二，社员需要全额购买合作社一定的股票，至少 5 英镑；

第三，每个社员每年分红不得超过 2 000 英镑；

第四，当社员的条件不满足时，只要社员未出现被废除成员身份的条件，合作社将在一定期限内保留合作社成员的身份及权益；

第五，在任何时候，合作社不符合条件的成员比例不得超过合作社成员总数的 10%。

4. 关于借贷

第一，按照信用合作社的要求，只要社员满足年龄，且没有合作社约定不能贷款的条件，社员可以向合作社借款，有无抵押都可。

第二，成员对合作社借款的最高额度是成员在合作社的股金投入加 2 000 英镑。

第三，如果放贷会导致该成员在信用合作社中总负债（包括或有负债）超过借款人的担保人在信用合作社的总股金，那么信用合作社就不能对不满足资质的会员放款。

第四，关于社员还款周期，若社员有抵押，则最晚 5 年还清；若没有抵押，最晚 2 年还清。

第五，社员向信用合作社借贷需向信用合作社缴纳利息，月利息不超过 1%，除利息外，没有其他的收费。

第六，信用合作社的贷款余额有一定的限制，当超过该限制时，信用合作社不能再向社员贷款。

二、英国信用合作社的发展

1979 年《信用社法案》通过后的几年内，英国信用合作社的数量明显增加。1982 年，73 家信用合作社登记注册。从 20 世纪 80 年代末到 90 年代初，信用合作社的注册激增，1987—1994 年增加了 4 倍。1994—2000 年，许多小型信用合作社与其他信用合作社关闭或合并。英国活跃的信用合作社的数量从 2004 年的 565 个下降到 2012 年的 390 个。一些公司与竞争对手合并，还有一些公司停止交易。2015 年，英国的信用合作社数量为 312 个。

根据审慎监管局（PRA）公布数据，我们可以了解 2016 年英国信用合作社的整体运营情况。

表 2-3　2013—2016 年英国信用合作社部分年度数据

单位：个

年份	2013	2014	2015	2016
成员总数	1 660 610	1 758 632	1 850 503	1 887 714
不符合资质的成员数	34 831	38 362	39 523	40 348
员工数量	2 254	2 370	2 450	2 517

数据来源：Credit Union Annual Statistics：2016。

从表 2-3 可见，近几年合作社的成员数量一直有所增加，但增长速度非常缓慢，总体比较稳定；不符合合作社资质的成员也在不断增加，大约占总社员的 2%，符合合作社法案要求的不高于 10% 的规定。合作社的员工数量也在稳定增加。

三、信用合作社接受审慎监管局的监管与指导

从 2002 年开始，英国的信用合作社由英国金融服务管理局（Financial Services Authority，FSA）监管。自 2013 年 4 月 1 日起，FSA 分为两个部门：审慎监管局（Prudential Regulation Authority，PRA）和金融监管局（Financial Conduct Authority，FCA）。自 2013 年起，信用合作社接受 PRA 的监管与指导。PRA 通过《合作社手册》（*PRA Credit Union Rulebook Part*）对英国信用合作社进行监管与指导，包括资产情况、放贷、借款、投资等都有详细的规定。按照要求，信用社每个季度都要向 PRA 提交有关运营方面的数据，PRA 将合作社的季度数据汇总后在 PRA 官方网站上公布。

英国 PRA 对信用合作社的财务监管比较完善。合作社的资产一般包括固定资产、投资、对成员的贷款、坏账准备、现金及其他资产；负债主要包括为青少年准备的存款、补助金及其他负债。英国信用社的运行比较稳定，合作社成员有比较理想的预期收益。

英国信用合作社的收入主要来源于信用社内部成员贷款的利息、投资收益、政府的补助金、保险业务的佣金及其他收入，其中对内部成员放贷的利息是最主要收入来源，占总收入的 70%~80%。合作社的支出主要包括运营管理费用，保费支出、坏账准备及坏账、银行的收费及其他费用。英国的信用合作社业务总体运营比较稳定，但是由于参加合作社的人数占总人数的比例很低，放款笔数较少，相对于商业银行，信用社在英国农村金融中发挥的作用较小。

四、英国信用合作社的先进经验

英国良好的法律环境有利于合作社的发展。农民成立和加入合作社的意愿很强烈，公开联合组成利益集团，在各种决策部门和决策者之间进行诉说，谋求社员利益最大化。1967 年英国议会通过了《农业法》，以支持合作社的发展。1979 年，英国政府通过了《信用合作社法案》，明确规定了信用社的投资范围、纳税年限等，支持信用社发挥融通农业资金的作用，促进农业发展。从早期的农业合作社销售服务公司到如今的合作社联盟，在英国合作社不断发展的过程中，始终有一个农民联盟组织在法律上和业务上指导农民组织合作社，促使农

业合作社不断发展壮大。

第三节　其他合作金融机构

除了信用合作社外，英国还有另外两种性质的合作金融机构：一是信托储蓄银行（TSB），二是房屋贷款协会（或叫房屋按揭社，building society）。

信托储蓄银行出现于18世纪初期，成立初的经营特点是面向中低收入群体吸收小额存款，然后将汇聚起来的存款资金转存于其他金融机构（如商业银行）以赚取利息，并将利息收入分配给各位储蓄者。信托储蓄银行为中低收入群体提供了一个便利的利息收入渠道，但并不涉及会员存款者的贷款需求问题。后来，英国政府出面组织建立邮政储蓄银行，大规模吸收小额存款或者投资，为控制风险，规定所有吸收的储蓄资金只能用于投资政府债券。信托储蓄银行面临着新的竞争，被迫进行经营方式调整，原有的合作性质也随之消失。

房屋贷款协会出现在18世纪末期，实质上是一种以合作方式进行个人集资购房的组织和制度安排。该安排具有固定成员和固定期限的特点。19世纪初该协会逐渐演变为开放式、永久性的金融机构。存款者或入股者为协会会员，目的是从协会取得购买房屋的贷款，并承诺分期偿还贷款。由于具有合作性质，房屋贷款协会的贷款利率定得相对较低（相对其他资金来源而言）；由于风险控制和管理成本较低，房屋贷款协会的存款利率又相对较高（相对商业银行而言）。20世纪初，房屋贷款协会数目超过2 000家，在英国发展到顶峰时期，平均每10万人口的城镇就有一个房屋贷款协会。英国国会在19世纪70年代通过了专门的法律，约束房屋贷款协会的经营活动，并指定友谊社首席注册官同时负责房屋贷款协会的监管事务。友谊社（friendly society）是一种具有互助储蓄性质的金融组织，悠久历史。20世纪70年代以后，英国的许多房屋贷款协会加快了相互合并的进程，朝着商业银行的方向转变。

第四节　英国农村金融制度对中国的启示

总结英国农村金融的成功经验，对照中国农村金融的现状，值得借鉴之处在于以下几个方面。

一、建立健全农村金融法律法规体系，促进农村金融健康发展

中国农村金融法律法规体系尚不完善，应主动借鉴英国经验，积极采取措施，加快研究制定适合中国国情、有利于加大农村金融投入和稳定农村金融市场的有针对性和可操作性的法律体系，确立农村金融在中国的法律地位，合理界定政府、金融机构在农村金融中的责任和义务。同时，完善修改现行法律中与农村金融发展相关的条文，规范农村金融机构行为，使其在法律框架内更好地发挥对农业的"输血"功能。

二、有效发挥商业金融的支农功能，推动农村金融组织体系优化整合

英国农村金融的实践表明，商业金融可以在农村金融业务活动中发挥重要作用。借鉴英国经验中国应积极支持和引导商业银行利用资金、规模优势向农村提供基础金融服务，增加农村金融供给，减少农村资金外流，把商业金融机构定位为农业中短期资金的重要供给者；继续推动中国农业银行、邮政储蓄银行"三农"金融事业部改革，拓展农村小额贷款业务；支持各类商业银行发起设立支持"三农"发展的农村金融部门，利用商业银行资金管理运营等优势支持"三农"金融事业发展，延长商业银行农村服务链条。

顺应商业化趋势在确保金融机构坚持为"三农"服务的基础上构建分工协作、职责明确的农村金融体系。支持中国农业发展银行实行政策性业务和自营性业务分账管理、分账核算的改革方案，允许政策性金融机构兼营开展农村商业金融业务，将中国农业发展银行定位为服务乡村振兴的金融战略性、长期性

资金的主要供给者；在坚持服务"三农"的基础上承认合作金融的商业化发展方向，鼓励有条件的农村信用社、农村合作银行改制为农村商业银行，建立以商业银行、农村合作金融机构及改组后的农村商业银行、农村新型金融机构为主体的农村中短期资金供给体系。

从中国金融发展趋势来看，政策性、商业性、合作性以及新型农村金融机构并存的局面将维持相当长一个时期。随着城乡融合水平的逐步提高，鼓励农村商业银行、村镇银行等各类中小型农村金融机构按地域组建成金融控股集团，整合优化农村金融供给主体，推动中小金融向大型商业金融转变，实现农村商业金融与城市金融的融合发展。

三、强化系统安全审慎监管，防范化解农村金融风险

强化系统安全审慎监管理念，建立健全风险预警机制，在"一行两会"中设立农村金融专门监管机构，实行商业金融、政策金融、合作金融差别监管，大型金融机构、中小型金融机构新型金融机构分类监管，构建联动监管体系，提升监管水平和效率。明晰中央与地方各级金融监管机构与地方政府的监管责任及风险处置职责，杜绝重复监管和监管真空。

健全农业保险市场体系，拓宽保险覆盖面，鼓励发展农业巨灾保险和再保险，构建农村金融风险分担机制。在政策性农业保险的基础上引入商业保险、互助保险等，构建政策性、商业性、互助性农业保险优势互补、协调发展的市场格局。扩大农业保险覆盖面，实现主要农产品农业保险全覆盖、农产品主产区农业保险全覆盖。引导农业巨灾保险、再保险业务发展，组建农业再保险公司，增强农业保险风险分散能力。降低农业保险费率，增加农业保险参保政府补贴，增强农村生产主体参保意识，提高农业保险参保率。推进存款保险制度建设，完善农村金融机构退出机制，打造农村金融机构健康发展的良好外部环境。

巩固农村产权抵押市场基础，建立商业性和政策性相互配合的农村产权抵押信贷体系。借鉴英国经验，组建专门的抵押金融机构作为长期抵押融资的供给主体，以商业银行、农村合作金融、新型金融机构作为农村产权抵押担保中短期贷款业务的供给主体；按照"商业金融小额、短期，政策金融大额、长期"

的市场分工，满足不同层次、不同期限的资金需求，化解农村"抵押难、担保难、贷款难"的问题。引导农业适度规模经营，建立健全农村产权交易市场，夯实农村产权抵押融资市场基础。设立农村产权抵押融资风险基金，完善农村产权抵押融资风险分担机制。

四、完善信用合作机制，培养农民互助发展意识

推行稳健的宏观经济政策，为农村信用合作社发展提供良好的外部环境。对农村合作金融在发展的不同时期、不同阶段，给予不同的扶持。在制定宏观经济政策时，充分考虑合作金融的优势和特点，优先在合作条件好、合作意识强的地区进行试点，探寻可复制、可推广、可持续的合作金融发展模式。

加快合作金融立法，为合作金融发展提供法律保障。西方国家为保护农村合作组织在市场竞争中的生存和发展，对生产、供销、信用、消费等领域的合作社组织，均通过制定《合作法》予以支持和保护。在建立合作金融法规的初始阶段，可借鉴国际经验，同时考虑具有中国特点的乡风、乡情及"三农"问题，发挥合作金融互助作用，促进中国合作金融发展。

加强中央银行的监管与扶持。根据《中华人民共和国中国人民银行法》规定，对农村合作金融组织的设立、歇业、撤并、业务经营等诸多方面进行监管，为我国农村合作金融组织的培育和发展创立条件。支持建立农村合作金融组织体系，加强监管，建立风险防范机制和风险补偿机制，减少风险发生。

总之，英国在农村金融法律制度建设方面的成功经验，对构建符合中国国情的农村金融体系具有现实的借鉴意义。值得注意的是，由于各国的具体国情不同，借鉴英国经验需结合我国实际，扬长避短，走出一条具有中国特色的农村金融道路。

第三章

荷兰合作金融的成长与成功 ①

荷兰，是一个"海边的小国"，但它是世界上经济最发达的国家之一。荷兰农业，与欧盟12个成员国相比，其耕地面积、农业劳动力及农场规模等均无明显优势，而且人均耕地最少，仅为 0.126 公顷（约合 1.89 亩），但荷兰自1989 年以来一直是世界第三大农产品出口国，仅次于美国和法国，近两年来，以净出口量计算，荷兰甚至超过了法国而排名世界第二位。荷兰合作金融自1896 年从德国引入，经历了 100 多年的发展，现在荷兰合作银行（RABOBANK）的资产总额和净利润是德国中央合作银行的两倍多，在全球 500 强企业中排第314 位，在德国中央合作银行之前。值得关注的是，荷兰合作银行向世界展示了一个合作金融从萌生到发展的成功案例。

① 本章许多材料由工商银行国际部和欧洲代表处提供，海外机构提供的材料往往更真实更全面，本文作者汪小亚在此特别感谢。

第一节　荷兰的农业合作社与合作金融

荷兰的农业生产多以家庭为主的大农场经营，其专业化水平较高。据统计，荷兰农场的总数约为 11.07 万个，其中专业化农场为 9.11 万个。在这些农场中，种植业农场（包括大田作物、园艺、多年生作物、混种作物）3.81 万个，其中专业化农场 3.23 万个；畜牧业农场（包括放牧牧场、猪和家禽养殖场、畜禽混养场）6.76 万个，其中专业化农场 5.51 万个；混合农牧场（多种经营农场）4 927 个，其中专业化农场 3 682 个。每个农场的平均规模在 18 公顷左右。

但是，荷兰大多数农场是家庭式经营，很少有大型的工业化企业集团农场，其生产规模较小，市场竞争力弱，农民的经济力量得不到保障。这些共同的特点，促使农户自发地结合起来，建立互助互惠的经济合作组织，联合采购农业生产资料、加工和出售农产品以及筹集资金，从而降低投资成本，提高产品收益，使农民在激烈的市场竞争中取得最大的经济利益。这种由农民自发组建起来的农业经济合作组织就是荷兰人极为推崇的农业合作社。

一、农业合作组织的形成与发展

荷兰第一个采购合作社成立于 1877 年，第一个牧业合作社和信用合作社先后成立于 1886 年和 1896 年。随后，各种农业合作社不断涌现，到 20 世纪 40 年代末，荷兰农业合作社的数量达到 3 150 个，涉及的行业主要包括金融、农资采购、农产品加工及市场营销等。随着农业合作社的规模逐渐扩大和专业化市场化水平的不断提高，农业合作社的数量减少，而市场占有率却大幅度上升，如 1949 年有 18 个花卉拍卖市场合作社，到 1997 年仅剩 7 个，市场占有率却由 60% 增至 96%。多年来，荷兰合作社能够成功地适应政策、市场和技术等多方面的变化，长期保持稳健运营，合作社的市场份额也非常稳定，即便是在 2008 年国际金融危机期间。荷兰有许多大型合作社，在全球最大合作社 300 强名单中，荷兰就有 20 家合作社上榜。荷兰的合作社与很多行业相关，在农业、信贷、食品批发零售、保险、制造、住房、医疗等行业都存在合作社，但农业和信贷行业合作社的市场份额较大。

在荷兰农业发展历史上，农业合作社发挥了巨大作用。合作社与非合作社企业的市场占有比例在不同的行业有所不同。荷兰农业合作社大体上可分为信用合作社、供应合作社、农产品加工合作社、销售合作社、服务合作社等。在供应行业中，合作社在化肥和精饲料市场的占有比例为52%。在销售和加工行业中，农业合作社占有相当大的市场比例，例如，牛奶占82%，蔬菜占70%，花卉占95%、甜菜占63%、马铃薯达到100%。此外，在荷兰农民收入中，至少60%是通过合作社取得的，荷兰农业合作社还提供了大约8.5万个就业机会。可见，农业合作社为荷兰的农业和农村经济社会发展作出了重要的贡献。就基本结构而言，荷兰各种农业合作社可以分为两种类型：简单型和复合型。简单型合作社是相对单一的产业结构类型，一般是同一地区从事同一种植或养殖的农户自由组合成为合作社，通过合作社来联合农民统一采购生产资料或把农产品集中运到市场去销售。这种单一的合作组织一般规模比较小，主要依靠参与合作社的农户（会员或社员）缴纳会费来维持运营和为成员服务，合作社本身是非营利性组织。而复合型合作社的结构比较复杂，通常是不同地区生产同类农产品的农户参与组成合作社，也有的是在同一地区从事不同农产品生产的农民组成合作社，这种复合型合作社一般有比较完善的组织结构体系和社会化分工。

荷兰农业合作社均具有独立的法人地位，都有自己的章程，通过章程来确定合作社的名称、成员来源、组织形式、行为准则和责权利关系等。农业合作社具有很强的独立性和自主性，不受政府的干预。农民（农户）自愿加入合作社，农民也可以同时参加3~4个合作社，农民通过自愿缴纳会费的形式来确定与合作社的联盟关系，并从合作社获得非合作社成员难以实现的帮助和服务，从而使农民自身利益得到有效保护。荷兰农业合作社初期秉承经营范围限于当地，成员承担无限义务，盈利留存为未来发展作积累等基本规则。

二、荷兰农民融资的保障机制

在荷兰，为解决农民融资问题，为农业提供一个良好的融资渠道，荷兰采取了三项重要措施。

1. 建立农民自己的合作银行

荷兰农民融资的主要来源是从农民信用合作社。农业所需的大约 90% 银行信贷来自信用合作社。信用合作社的主要功能是为农民购买生产资料、更新设备、发展生产提供及时的充足的资金保障。荷兰最大的合作金融机构是荷兰合作银行，它也是 19 世纪中叶欧洲合作制浪潮的产物，成立初衷是对农民给予金融支持，使农民远离高利贷者。成立初期在全国有 3 000 多在乡村的法人机构，后来发展到上万家，经过百年演变与数次整合，现在只有上百家分支机构。目前荷兰合作银行集团是由荷兰合作银行（中央合作银行）、成员行及一些专业子公司构成的金融集团。农民的合作银行在性质上属于合作社，与农民的生产合作社、加工合作社、销售合作社和生产资料供应合作社等并无实质区别，其主要职能是为其社员提供信贷支持和其他金融服务。在荷兰，政府一般不干预合作银行的经营活动，政府的作用是允许合作银行依法合法的存在，并为其发展提供必要的社会环境。

2. 建立农业担保基金

为了有利于农民融资，荷兰政府在"二战"以后专门设置了农业担保基金，主要为向银行借款的农户提供担保，农民获得担保的前提是有可行的投资计划和保证在 8 年内全部还清。这说明，农业担保基金在发放时强调农民要有用于农业生产的真实需求和一定的还款能力。

3. 设立农业安全基金

荷兰政府经济部设立了农业安全基金，对因受自然灾害遇到困难的农户予以帮助，相当于对农民给予农业巨灾的救助补贴。

第二节　荷兰合作银行的合作原则与运作模式

荷兰合作银行又称拉博银行（RABO BANK NEDERL-ANDS），是农民自己的合作银行，于 1973 年由荷兰数家农村信用社合并而成，主要为农牧业、花卉种植、农业机械和食品工业等与农业相关行业提供金融服务。荷兰合作银行由中央合作银行和 141 个有独立法人资格的地方合作银行组成，是荷兰的第 2 大银行，在世界各大银行中居第 31 位，在 2020 年度"全球银行品牌价值 500 强排行榜"（2020 年 2 月发布）中，排名第 39 位。荷兰合作银行的业务遍布世界 48 个国家，在全球有约 10 万个客户。荷兰合作银行在北京、上海等地设有办事处，已成功入股杭州联合银行，与中国多地的农村金融机构建立合作关系。

一、组织结构与管理模式

荷兰合作银行的组织结构为地方成员行和中央合作银行两级法人。其管理模式是"下控上、上管下、下下交叉担保"。地方成员行自下而上控股中央合作银行。而中央合作银行除了承担为地方合作银行提供资金调度、系统内清算、产品开发以及证券、保险、租赁、国际业务等金融服务外，还负责对地方合作银行的审计和绩效评价等管理工作。但实质上，地方行与中央行之间类似于总分制，荷兰合作银行体系在全国各地方法人机构内实行资产负债管理的集团统一并表。各地方合作银行之间实行内部交叉担保体制，一旦某地方合作银行出现支付问题，提供担保的其他地方合作银行必须承担担保责任，为有问题的合作银行补充资金。大部分合作银行在发展初期，作为成员行的地方合作银行往往要承担无限责任，直到 1980 年，新合并不久的中央合作银行建立了内部财务架构，部分强制性的成员行责任与义务被取消，但各成员行仍然依靠其成员行进行偿债担保。这种独特的交叉担保机制成为了荷兰合作银行整体信誉和营运稳健的保证。

二、合作原则与公司治理结构

荷兰合作银行的合作原则体现在各地方合作银行的社员能按照一人一票的投票权和自由选择本银行的董事会和监事会等方面。在公司治理层面上，荷兰地方合作银行具有"社区银行"的特点。由于荷兰合作银行其成员行的产权关系秉承合作制理念，实行会员制，而非股份制。社员入社在自愿的前提下，只要履行一些非常基本的资格要求：（1）认同成员行的经营宗旨和理念；（2）缴纳 100 欧元左右的象征性费用，不需要缴纳股本金，也不享有股东权益；

（3）成为成员行的客户；（4）在成员行营业区域生活与工作。由于各地合作银行强调服务的属地原则，而各合作银行的所有权属于合作社全体，不存在个人股东，信用记录良好和无犯罪记录的社区居民都可以申请成为成员，因此，地方合作银行就成为一定意义上的社区银行。

各地方合作银行一般都由成员和企业客户代表，组成执行监事会进行经营决策；再由合作银行的全体社员"普选"出一个监事会（也叫"非执行董事会"[1]，Supervisory Board），非执行监事会的监事一般为社会知名人士[2]和各行各业的专家。另外，各地方合作银行又通过"普选"选举一个地区代表大会，地区代表大会再选举一个中央代表大会。中央代表大会的职责是批准聘请执行董事和重大事项以及重要的制度。荷兰中央合作银行有一个12人组成的监事会，监事会在职业经理人市场上挑选若干职业经理人，报请中央代表大会批准，组成荷兰中央合作银行的执行董事会（Board of Executive Directors），执行董事会由5人组成。执行董事会设有首席执行官，其他执行董事都有明确的分工和职责，也有相互平等而独立监督职能。在荷兰中央合作银行成立后，中央合作银行对各地方合作银行的监事、董事候选人有提名权，但各地方合作银行的监事和董事最终确定由各地方银行的成员大会选举产生。

三、产品服务与运营模式

荷兰合作银行始终是以成员的利益最大化为目标。一是收益留存。各地方合作银行因具有"社区银行"的特点，所获得的利润一般不进行分红，除一部分作为留存收益外，其他都用于支持社区发展。荷兰合作银行长期执行收益留存的合作制理念，其百年发展历史，以使其积累相当可观，在全部权益资本中，其留存收益部分占70%左右。二是无差别服务。在业务结构上，荷兰的合作银行遵循"商业化和无差别"，即按照商业化原则，面向成员和非成员客户提供

---

[1] 监事会的职能相当于我国董事会的职能。但监事不拿报酬，只有一点工作补助。

[2] 这些知名人士的境界都达到了"人到无求品自高"的程度，都崇尚"合作制"，他们把名誉看得比生命还重要。

无差别的产品和服务，荷兰合作银行的客户成员占比则达到了82%。但在对成员和其他客户的服务上略有区别，荷兰合作银行有5%左右的产品专门为成员设计，且成员可以向银行提出进一步完善产品和服务的要求。三是会员权证。各地方合作银行以销售会员权证方式来作为补充资本金来源之一，会员权证事实上是一种专属投资产品，只有入社会员才有资格购买。会员权证可以转让但不得退返。在发展初期，持有会员权证的会员在存贷款利率方面可享有一定的优惠，但现在这种优惠已经取消。会员购买会员权证的主要目的是获得固定收益和转让时取得增值收益。荷兰合作银行为便利会员权证转让，在合作银行体系内构建了一个内部市场，每个月交易一次，以提高会员权证的流动性。四是分工协作。在荷兰合作银行体系中，中央合作银行与地方合作银行之间建立了分工协作的关系。地方行基于对当地客户熟悉，利用其服务网络和人员优势，重点支持辖内的农业生产商和小微企业。待客户成长壮大后，超出地方行的服务能力时，可以将客户转交给中央合作银行来提供更多更大的金融服务。中央合作银行则将支农服务重点为农资供应商、农产品销售商以及流通运输支持。正是这种地方合作行和中央合作银行之间有效地分工协作，荷兰实现了对农业全产业链的金融支持。

第三节　对合作金融的风险管理与金融监管

一、合作银行内部风险管理遵循互补和互助原则

为了克服作为成员行的地方合作银行规模小、实力弱、风险高的缺陷，荷兰的合作金融体系建立了系统内的风险整体管理制度，实行严格意义上的整体风险管理，这包括：中央合作银行对地方合作银行的存款和债务实行无限责任担保；地方行之间交叉担保；集团作为单一整体参与资本市场活动等。因此，荷兰合作银行的风险承受能力更高，穆迪评级机构对荷兰合作银行的评级为"Aa2"级，标准普尔对荷兰合作银行的评级均为"AA-"级。连续多年被全球金融杂志评为全球十大最安全的银行之一。

二、监管当局对合作银行实行"无差别 + 整体"监管

20 世纪 90 年代，荷兰的金融监管体系仍然是典型的分业监管模式，即中央银行监管银行业、证券监管机构监管证券业、养老金及保险监管局监管保险业。2002 年，荷兰的金融监管体系发生了重大变革，从分业监管转变为根据不同目标来构建金融审慎监管体系。荷兰中央银行（DNB）负责稳定金融系统以及对银行实施审慎监管（Prudential Regulation）；金融市场管理局（Authority for Financial Markets，AFM）负责对整个金融体系中的各类主体，包括银行业、证券业、保险业中的行为监管（Conduct-of-Business）；养老金及保险监管局（Pension and Insurance Supervision Authority，PVK）则负责保险市场的审慎监管。2004 年，养老金及保险监管局并入荷兰中央银行，由此，荷兰中央银行负责对整个金融体系进行监管；金融市场管理局继续负责对荷兰金融体系中所有市场主体的商业行为进行监管。

荷兰的金融监管当局对荷兰合作银行实行与商业银行一样的监管要求，可以说是无差别的监管模式。资本充足率、不良率、拨备率等监管指标，是巴塞尔资本协议要求，适用于商业银行的监管指标，同样也适用于合作银行，而这些资本监管要求，对以合作制为基础的荷兰合作银行带来了巨大挑战，迫使荷兰合作银行依照《巴赛尔资本协议》和国际会计准则的要求，引入许多商业银行的经营理念，并加快向现代化银行转变，以适应新的监管标准。荷兰的金融监管当局把荷兰合作银行和具有独立法人地位的地方合作银行视同为一个整体，实行整体监管。

荷兰监管当局对地方合作银行不直接进行监管，授权中央合作银行对地方合作银行实行监管，监管风险也就由中央合作银行承担。另外，荷兰监管当局还联合荷兰中央合作银行对地方合作银行进行合规性审计。

第四节　值得我国借鉴的几点经验

荷兰合作银行深耕于荷兰乃至世界的农业和农村市场，经历百年发展变迁，

既保持了合作金融的精髓，又融合了可持续发展的商业化机制；既发挥了各地方合作银行原动力，又建立了中央合作银行的集中管理模式，这是一个值得研究和借鉴的合作金融成功案例。

借鉴之一，建立合作金融，要有较好经济条件和组织基础

荷兰合作金融是依托荷兰农业和农村建立起来的，其农业的生产基本结构为种植业、畜牧业和园艺业，但荷兰农业已不是以种植业为主的传统农业，而是以畜牧业和园艺业为主的高附加值农业。20 世纪 90 年代后，荷兰农业产业结构发生明显变化，种植业产值下降，畜牧业产值、园艺业产值稳步增加。农业以高产值的畜牧业和园艺业为主，种植业不占主导地位。与此同时，荷兰农业合作社的组织基础雄厚，有农业生产资料采购供销合作社，主要从事生产资料的联合批量采购和统一供应，包括各种农具、种子、肥料、饲料等；有农产品加工合作社，主要负责农畜产品（马铃薯、甜菜、洋葱、肉、蛋、奶等）的加工及销售；有销售合作社专门负责组织农产品大批量地向外销售，在荷兰，最有趣的销售合作社就是农民合作社组建的拍卖市场。农民能将极易腐烂变质的新鲜农产品及时地推向市场，并在最短的时间内完成交易，如水果、蔬菜等农产品 80%~90% 都是通过拍卖市场销售的；还有农村服务合作社，则是农民合作组建的互助保险公司、农业机械公司、农业科技试验推广部、农产品仓储基地、救济服务中心、农业管理辅导站等，专门为农民提供各种各样的优质服务。这些合作社的成功运作为金融合作奠定坚实的组织基础。

借鉴之二，发展合作金融，要有较明确的合作原则和保障机制

合作金融与商业银行最本质的区别是按人投票而不按资投票，是以服务社员利益为第一目标而不是以企业盈利为第一目标。作为一个独立法人的荷兰合作银行各地方行，按照一人一票的投票权，践行了合作原则。同时，荷兰的地方合作银行以"社区银行"为特点，服务范围与属地范围相联，各地方行所在社区的居民大都可以申请成为合作银行的成员；各地方行所获得的利润不进行分红，除一部分作为留存收益外，都用于支持所在社区发展。这种"社区银行"的特点是实现合作原则的重要保障机制。

借鉴之三，坚持合作金融，要有较强风险管理和监管方式

荷兰合作金融并不因是成员之间的合作而放松风险管理，反而建立了多层次多角度的风险管理体系，这包括自下而上的股权管理、自上而下的考核和审计管理、成员行之间交叉担保管理，中央合作银行的统一风险管理等。同时，荷兰的金融监管当局并没有对合作金融机构实行差别化管理，而是采取与商业银行相同的，无差别化的监管标准；并将荷兰合作银行体系作为一个整体进行监管，由中央合作银行承担监管风险，对地方合作银行不直接进行监管，授权中央合作银行对地方合作银行实行监管。这种严密的风险管理架构和监管制度，规范和提升了合作银行的素质。

附表 1　合作原则

类别	国际合作联盟	"赖夫艾森"（Raiffeisen）
合作原则	自愿和开放的社员制 社员民主管理 社员经济参与 自治性和独立性 教育，培训和信息 合作社之间的合作关系 关注社会的可持续发展问题	团结 合理管理 地方特色 净利润保留 剩余部分的合理分配

附表 2　荷兰合作银行的业绩

指标	总体情况	公司治理	组织结构	荷兰市场份额	帮助本地社会
业绩	– 活跃在 40 个国家 –870 万全球客户 –730 万本地客户 –190 万成员	– 一个法律主体：本地行＋中央集合体 – 一个银行营业执照 – 一个资产负债表	– 简单化，集中在重要的架构上 – 专注的金融科技和发展团队 – 中心化的组合管理单元 – 后台共享，把 FGH 银行并入荷兰合作银行，分开管理无核心 CRE 组合	– 住房贷款 21% – 存款 34% – 贸易，行业和服务 41% – 食品和农业 84%	– 合作社基金（本地银行） – 荷兰合作银行的基础 – 荷兰合作银行集团的捐款 – 防止合作社基金成为自己的投资目标，该基金和银行业务没有直接联系

附表3　荷兰合作银行的使命，愿景和战略

指标	使命	愿景	战略
具体内容	为荷兰的福利水平和繁荣程度贡献可持续的力量，为世界的可持续发展贡献可持续的力量	荷兰银行中的领先者以及食品领域银行中的领先者	绝佳的客户关注度灵活度和资产负债表瘦身不断改善的表现

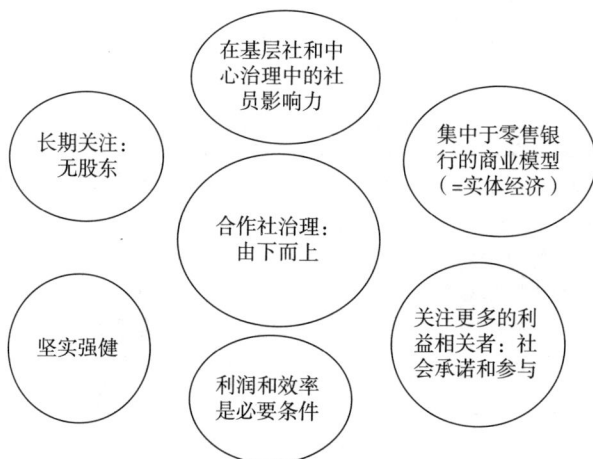

附图1　合作组织形式的不变特征

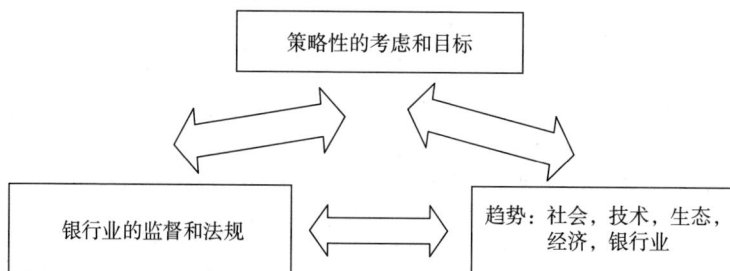

附图2　合作组织公司治理演变的三个主要说明

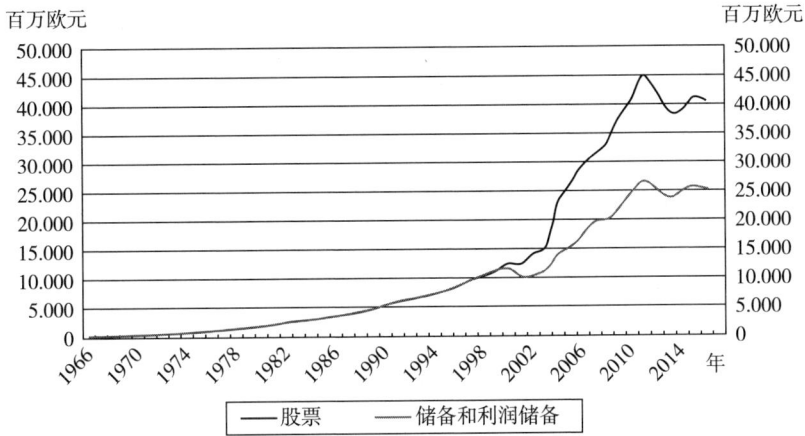

附图3 荷兰合作银行的股权组成

图例：股票　储备和利润储备

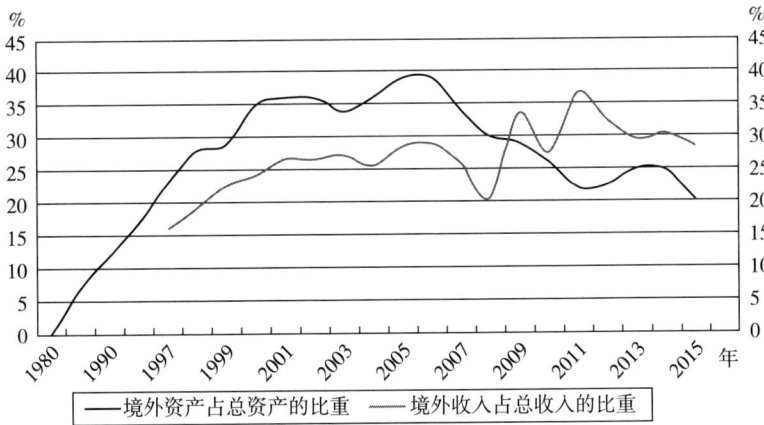

附图4 荷兰合作银行的境外业务

图例：境外资产占总资产的比重　境外收入占总收入的比重

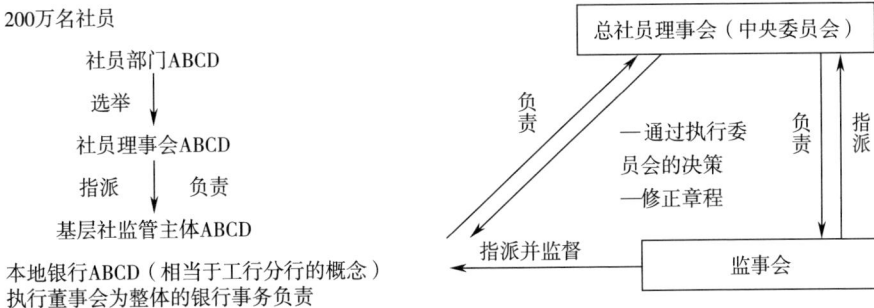

200万名社员

社员部门ABCD

选举

社员理事会ABCD

指派　负责

基层社监管主体ABCD

本地银行ABCD（相当于工行分行的概念）
执行董事会为整体的银行事务负责

总社员理事会（中央委员会）

负责

—通过执行委员会的决策
—修正章程

负责　指派

指派并监督

监事会

附图5 荷兰合作银行目前主要的内部治理关系

第四章

美国的农场信贷与合作金融[①]

美国的农村金融体系由政策性金融、合作金融和商业性金融组成，其中合作金融主要是农场信贷系统（Farm Credit System, FCS）。美国农场信贷系统是从 1916 年开始由美国政府主导陆续设立的，是由农业借款人拥有所有权的信贷机构及相关服务机构组成的金融服务体系，包括监管机构、信贷机构和专业金融服务机构，其中信贷机构为农场主、牧场主、水产养殖主、农业企业、农业合作社提供信贷服务。

---

① 本章由谭智心博士主笔和帅旭博士修改后完成。

第一节　美国农村合作金融的发展历程

20世纪初，美国农业发展绝大部分的信贷资金来自商业金融机构和个人，由于贷款利率高、期限短，这种市场自发形成的信贷体系虽然可以缓解资金短缺的问题，但却无法满足美国农业在机械化和规模化发展过程中对资金的需求。经过一系列考察学习，美国政府决定效仿德国建立一个合作性的农业信贷体系。

一、农场信贷系统的初步形成

1916年，美国国会颁布了《联邦农场贷款法案》，在美国12个农业信贷区各设立一家联邦土地银行，同时建立土地银行协会作为联邦土地银行的基层组织机构。美国财政部提供联邦土地银行的最初资本，1947年联邦土地银行偿还了政府股本，由借款人持有全部股份，成为合作金融性质的农业信贷机构。从贷款类型看，联邦土地银行主要为本地区的农场和农业生产者提供长期不动产抵押贷款，期限为5~40年。当借款人从土地银行协会借入资金时，需要将贷款额的5%用于购买土地银行协会的股份从而成为社员。这种股份的购买通常是在借款内扣除的，一般不需再次缴纳。当借款归还后，社员当年认购的股份保留，以作第二次借款时使用。当社员两年内不从土地银行协会贷款时，则所认购的股份就转为无投票权的股份。这种借款人的入股投资方式，保证了合作金融的性质。对于持有带投票权股票的会员来说，无论股金多少，每个社员都只有一股一票权。协会理事会通过社员选举组成，负责协会日常经营管理工作。

1923年，美国国会通过了《农业信贷法案》，由政府出资在每个农业信贷区各设立一家联邦中间信贷银行，其任务是向为农业服务的金融机构提供资金。后又根据1933年通过的《农业信用法》，创设生产信贷协会作为中间信贷银行的基层组织。到1968年，政府资本全部退出，生产信贷协会的股本完全由借款人持有。联邦中间信贷银行为生产信贷协会、商业银行以及其他金融机构所持有的农业生产者短、中期票据办理贴现，以鼓励和促进金融机构扩大对农业的贷款。

1933 年，美国国会通过了《美国农业信贷法案》，在全国 12 个农业信贷区每个区设立 1 个合作银行，在科罗拉多州的丹佛市设置了 1 家中央合作银行。合作银行负责对各个区的农业合作社提供设备贷款、经营贷款、商品贷款、农产品进出口贷款。中央合作银行负责向各地区合作银行提供资金、办理清算，参与各合作银行的大额贷款或独家承办跨地区大额贷款。合作银行最初由联邦政府出资建立，其后政府资本退出，合作银行全部股份由借款人持有。按照 1933 年《美国农业信贷法案》，美国还设立了农场信贷管理局（FCA），其职能是作为农场信贷系统的监管机构，检查、监督农场信贷机构的业务经营活动，确保其安全、稳健运行，督促政策法令得到有效贯彻执行。

二、农场信贷系统的发展完善

20 世纪 80 年代，为解决美国农场信贷组织机构过于庞大、运营成本过高等问题，按照 1987 年《农业信贷法案》，每个信贷区的联邦土地银行与中间信贷银行合并为农场信贷银行。截至目前，美国农场信贷系统共有 3 个农场信贷银行和 1 个农业信贷银行，分别是 Agri. First FCB、Agri. Bank FCB、FCB of Texas 和 CoBank，ACB。3 个农场信贷银行为 50 家农业信贷协会（ACA）和 1 个独立的联邦土地信贷协会（FLCA）提供贷款资金。农业信贷协会（ACA）由联邦土地信贷协会与生产信贷协会合并而成，同时拥有两个协会的职能，为家庭农场等符合条件的贷款人提供购买农地贷款、农村住房贷款、长期不动产抵押贷款、中短期动产抵押贷款等与农业相关贷款。独立的联邦土地信贷协会（FLCA）则为家庭农场提供长期不动产抵押贷款。

农业信贷银行（CoBank，ACB）是由农场信贷银行和合作社银行合并而成的银行，享有两个机构的权利。其中，合作社银行向全国的农业合作社、农村水利系统建设、农村公用设施建设、农产品出口业务提供相关金融服务，贷款类型分为设备贷款、经营贷款、商品贷款、农产品进出口贷款。农场信贷银行为 26 家农业信贷协会（ACA）和 1 个独立的联邦土地信贷协会（FLCA）提供贷款资金。

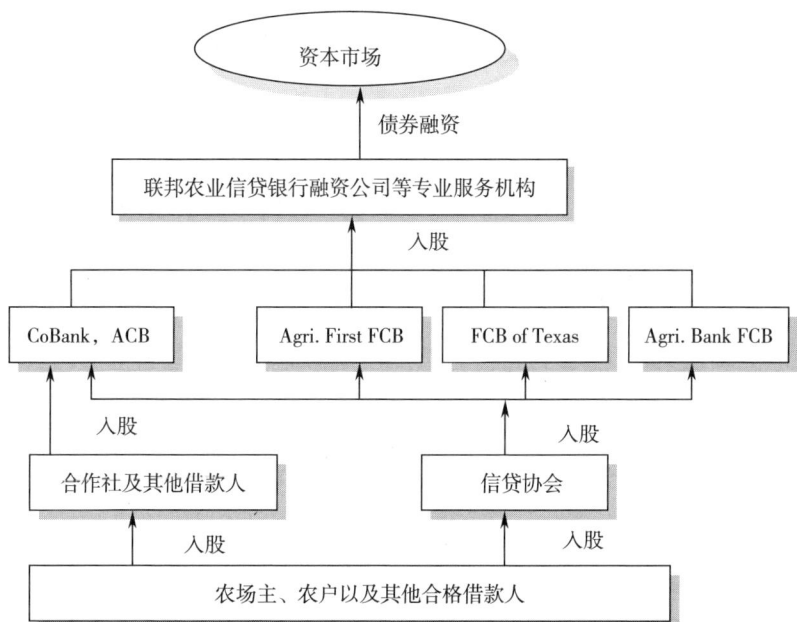

图 4-1　农场信贷系统组织结构

同时，为解决 20 世纪 80 年代美国农业成本上升、农产品价格下降导致的农场信贷体系出现的大量坏账和损失，增强农场信贷机构的信贷功能，美国还成立了联邦农业抵押公司、农场信贷银行融资公司、农场信贷保险公司及保险基金等专业服务机构，为农场信贷机构提供融资、保险和贴现服务。其中，联邦农业抵押贷款公司（Federal Agricultural Mortgage Corporation，Farmer Mac）属于农业抵押贷款二级市场的机构，通过购买信贷机构的农业生产性房地产抵押贷款、农村公用事业贷款和由农业部担保的部分贷款，为信贷机构提供流动性和贷款能力；联邦农业信贷银行融资公司（Federal Farm Credit Banks Funding Corporation）负责发行农场信贷系统统一债券，为合作金融机构筹集资金；农场信贷系统保险公司（Farm Credit System Insurance Corporation）负责筹集农场信贷机构的保险基金，保证系统债券本息按时支付，提升农场信贷系统整体信用。

第二节　美国合作金融法制化建设

美国现行的农场信贷法律主要包括《农场和农村共同发展法》、1971 年《农场信贷法》、1936 年《农村电气化法》、1942 年《农业贷款的妥协、调整和取消》和《取消农村发展规定与 2002 年农场安全和农村投资法关联》等，其中对美国农场信贷体系发展意义最大的是 1987 年《农业信贷法案》和 1971 年《农场信贷法》，前者规定了美国农业金融的基本组成和职能，后者对美国农场信贷体系与各机构的运作规则进行了严格规范。

一、《农业信贷法案》的发展历程

美国农业信贷体系的发展大致分为三个阶段。

第一阶段（20 世纪初到大萧条之前）。1912 年，美国国会提出了建立农场合作信贷体系的建议。1916 年，《联邦农场贷款法》设立了 12 个土地银行，为农场提供不动产长期贷款，后来发展到发放农户抵押贷款。1923 年，成立了联邦中介信贷银行，主要对农户发放生产经营信贷，经营农户商业银行票据、农业信贷公司和牲畜贷款公司的票据贴现，同时发放农产品储备信贷。

第二阶段（大萧条到 1987 年《农业信贷法案》出台）。为应对大萧条时期的经济危机，1933 年出台了《紧急农场抵押法》，规定金融机构有义务帮助土地银行度过大危机，而 1933 年《美国农业信贷法案》促成了信贷协会和合作社银行的成立，对解决农户生计和恢复国民经济起到了重要作用。1933 年之后，美国农场信贷体系的各种政策功能不断完善，基本能够满足农户和合作社的生产需要，使农户有了可靠而充分的信贷来源。在农场信贷体系的管理方面，1933 年成立了农场信贷署，集中加强监督，合作社银行也纳入农场信贷署管辖范围。到 1968 年，农场信贷体系实现了农户完全享有所有权、政府资本全部退出的预定目标。

第三阶段（以 1987 年《农业信贷法案》为标志）。1987 年《农业信贷法案》

规定，农场信贷体系保证借贷人在退股时可以获得等值退款，还保证被清算银行冻结股份的安全。法律强调了个人和集体的还款义务，规定每家银行在单独承担义务的同时，还要共同分担农场信贷署的金融风险。

在 1987 年《农业信贷法案》的支持下，美国成立了联邦农业抵押公司、联邦农场信贷体系救济会、融资救济公司和联邦农场信贷银行基金公司，共同发挥金融支农作用。其中，联邦农业抵押公司主要开展长期农业信贷管理，只要是合格信贷机构，如农场信贷体系金融机构、银行、保险公司、工商业开发公司、储贷协会、商业融资公司、信托公司、信用社或其他发放农业贷款和为提供农业抵押贷款服务的实体，均可以农业不动产为抵押发放贷款，然后在联邦农业抵押公司二级市场贴现。联邦农场信贷体系救济会的职能是对本体系及其机构提供救济，保护借贷人股份，恢复金融机构活力，使信贷业务得以延续。依据共同会计准则，当金融机构的股票账面值和权益低于平价面值时，救济会将通过发行优先股维持股票面值，并监督机构的金融状况、经营计划和运行，也可通过发行优先股合并金融机构。实际上，优先股促使高成本债务退出信贷市场。融资救济公司通过发行证券提供资本，解决农场信贷机构的经营困难，融资救济公司承担头 5 年的利息支付，融资银行承担第 6 年到第 10 年利息的一半，从第 11 年开始的 5 年，融资银行才承担全部利息，并逐步归还联邦政府利息。联邦农场信贷银行基金公司通过发行证券进行融资，并由该公司自行决定发行利率。

美国农村金融和农场信贷体系的发展，显示出美国政府通过不断改革农村金融支持手段，恢复农场信贷体系金融能力和市场主体地位的一贯思路。同时，政府管理规范越来越严密，意图最大限度地规避金融风险，推动农场信贷体系与全国金融体系互相融合，最终实现信贷资金流向农村、支持农场发展的目标。

二、《农场信贷法》

1971 年《农场信贷法》的立法目标主要包括：第一，设计农户合作型的农场信贷体系，以改善农户收入和福利；第二，继续鼓励农户借贷主体参与农业信贷体系的管理，实现农场信贷体系的管理现代化，并强化其作为农村地区农业信贷和住房信贷手段的权威性；第三，规定农场信贷体系的利率要有竞争力，使农户贷款获得最大收益。1971年《农场信贷法》扩大了农场信贷体系的经营范围，体现了使农场信贷署组织结构和功能永久化、权利明晰化的思想，成为美国农场信贷政策发展的里程碑。

1. 关于农场信贷机构信贷行为的规定和限制

1971年《农场信贷法》规定了农场信贷机构的信贷行为。法律规定，农场信贷银行拥有23项权利，除有权依法经营、设置公司治理结构、依法借贷与发行有价证券并确定利率外，还可以收购无投票权股票，接受本金融区合作社证券和基金储蓄，进行银团贷款，向联邦储备体系等银行存款，进行投资，接受捐助给合作社的资本。关于借贷权利，该法规定可以进行不动产贷款和对合作社进行财政援助、经营中间信贷、与其他金融实体联合借贷等，但同时也对农场信贷银行分支机构和国民银行的融资业务如借贷总量等做出一定限制，尤其严格规定了农场信贷银行的中间业务。法律规定的借贷人有三种，即农户、畜牧户和渔民，属于农村家庭从业者。1971年《农场信贷法》对农场信贷银行的信贷业务做出了严格限制。例如，农场信贷银行经营的房地产贷款单笔最高不得超过不动产评估价值的85%，农场信贷署也可以要求贷款最多为不动产评估价值的75%。但是，如果贷款由联邦、州或其他政府机构担保，最多可达不动产评估值的97%。私人抵押贷款参加保险，上限可超过85%，多保多贷。法律尤其强调了不动产贷款的安全问题。对于中间信贷业务，规定除房地产外，贷款还款期不超过7～15年。法律对于分支信贷机构的经营范围作出了严格限定，包括农业和水产业、农村住房金融、农场经营三个方面，规定农业和水产业贷款一般用于农业和渔业产品的加工和运销，在申请人的个人经营资本金不足20%时，信贷比例不得超过银行总贷款的15%。法律还对农村住房金融，贷款主要针对单亲家庭购买中等价格住房及其附属物，但是该类贷款不超过银行总贷款的15%。规定农场信贷银行要对生产信贷协会、信用社和金融机构进行评估，并承担贷款保险费。

2. 关于农场信贷协会金融功能的规定

1971年《农场信贷法》规定了包括农产信贷协会和联邦土地银行协会在内

的农场信贷协会的法律地位。法律规定 10 个农业或者畜牧业、渔业生产者，由地区农场信贷银行和农场信贷署备案，即可组成农产信贷协会，并获得法律地位。农产信贷协会拥有 21 项基本权利，其权利受本地区农场信贷银行和农场信贷署的约束。除一般权利外，农产信贷协会还可以认购和购买银行股票，向银行和其他农产信贷协会捐助资本，经农场信贷银行同意投资协会基金、买卖和约，向农场信贷银行借贷、进行联合贷款、接受提前支付、提供收费性服务，对农村信贷银行的贷款进行支持、与其他农村信贷银行分担贷款和损失等。农产信贷协会的资本金有严格规定，每个农产信贷协会需有自有资本金，年末盈余按照如下顺序进行分配，即先平衡资本账户，再建立并维持盈余账户，总量水平由农场信贷银行决定。盈余应当按照交易量向客户分配。年末的净盈余可以股份、参股证书或现金形式分配。

农场信贷协会的中短期贷款主要用于农牧渔业的加工和营销、农村居民的住房融资和农场相关经营项目，当农牧渔业户自有资金不足 20% 时，农场信贷协会贷款不得超过所有信贷的 15%。农村住房融资主要面向单亲家庭的中等价格房屋和附属设施，且每个农场信贷协会和所有地区信贷合作社的住房贷款均不得超过所有信贷的 15%。农产信贷协会的经营和资产免征除附加税、不动产税、遗产税和赠与税之外的一切税负。

关于联邦土地银行协会的管理，同样规定 10 名自然人即可组成一个联邦土地银行协会，向农场信贷银行借贷。联邦土地银行协会的组成与经营要经农场信贷署授权。其基本权利共有 22 项，如包括接受并处理向农场信贷银行提出的贷款申请，经董事会选举产生贷款委员会，行使选择贷款申请并向农场信贷银行推荐的权利，或代替农场信贷银行行使一定权利，经授权的投资权利等。法律规定联邦土地银行协会应提供资本金，可发行、拥有、转让和退出股票，盈利应当分配。联邦土地银行协会的资产和抵押免征一切税负。

3. 关于合作社银行的规定

合作社银行体系是最后一个加入农场信贷体系、得到认可并为农场信贷署管辖的第三大分支机构，承担着为 3 000 多家农业合作社提供基金的任务。1971 年《农场信贷法》规定了合作社银行的经营原则和相关法律规定。合作社银行的成立应符合 1933 年《农业信用法》，除非合作社银行与本金融区其他银行合并，每个金融区应保有一个合作社银行，并在此基础上组成中央合作社银行。合作社银行的权利与前述银行基本相同，可经营国际业务，如认购农产品销售国际贷款等，但是信贷总量不得超过银行总资本的 10%，或者单笔贷款不得超过贷款总额的 50%。合作社银行的政府储备基金不得进行投资。法律共对合作社银行的 18 项权利作出了详细规定。

合作社银行如果不与合作社联合银行或者全国合作社银行合并，其董事会中需有一名独立董事。合作社银行的股本应当根据贷款需要不断进行调整，具有投票权的股票只在合作社和合作社银行流通，不具投票权的股票可以经发行同意交换有投票权的股票，当合作社银行不发行投票权股票时，可发行参股证书。不具投票权的股票才能参与分红，农场信贷署股份不分红。无投票权股票和参股证书可等值退款，有投票权股票和参股证书也可根据发行先后获得等值退款。对合作社银行的借贷规定较为严格，合作社银行可以向合作社发放贷款并提供技术和融资服务，也可以与其他金融机构联合提供贷款，如果合作社银行确定投票股东能够从贷款和服务中得到实质性好处，合作社银行就可向国内外与合作社进行交易、从事农水产品进口、农业和水产业供给的实体提供贷款或联合贷款，以及技术和金融服务。合作社银行优先向国内外出口商提供或参与提供贷款，但是不向非合作社出口农产品提供贷款，也不向无保险借贷人提供贷款，贷款最高额为银行资产的 50%。法律规定，合作社银行不得为期货投机发放外汇贷款。合作社银行可以向在农村地区为安装、扩大、改善用水或排污处理而成立的合作社、公共或半公共机构或实体，以及其他公私机构提供或联合提供贷款。

合作社银行对于贷款者资格的要求极其严格，只有农业合作社、水产品生产或收获者、合作社联合会才具有借贷资格。同时规定，已经获得农村电气化署或农村电话银行贷款或贷款承诺，或者符合 1936 年《农村电气化法》贷款条件者，或者获得农场信贷署或银行贷款担保的合作社或其他实体，才具有获得信贷的资格。任何拥有合作社 50% 以上投票权或 50% 以上其他机构投票权，并符合用于合作社基金的贷款人，同样有资格贷款。贷款用途必须是加工、进行销售准备、搬运、农产品和水产品营销，或者是用于采购、测试、分级、加工、分装或用于农场或水产品供给或相关服务活动。任何具有信用的非营利私人实体，如果符合服务合作社的条件，且服务合作社的目的是施惠于农业以及合作社农户的福利，也具有贷款资格。以上合格贷款人有很严格的附加条件。

对于借贷人的股票所有权，1971年《农场信贷法》规定每个拥有投票股的借贷人，当从合作社银行贷款时，最少应当拥有1股投票股，合作社银行应当要求借贷人投资附加投票股或非投票投资股份，每次贷款做法一致。当贷款结束时，股票投资不超过贷款票面值的10%。法律对附加所有权的要求以贷款面值、贷款余额或借贷利率为计算依据，目的是保证合作社银行有充足的贷款，并且借贷人的所有权相等。如果从中央合作社银行直接获得贷款，需要借贷人拥有或投资于一家或数家区域银行，同时要求区域银行在中央银行拥有等量的股份，如果是投资投票股份，该区域银行由农场信贷署指定。

合作社银行利率确定的原则是成本最低和不断调整的低利率。当出现任何坏账或者借贷户进行清算时，银行应当本着价格公平且不超过面值的原则，退出或取消股份、分配盈余以及储蓄或者归该借贷户所有的银行权益，同时区域合作社银行在其他区域合作社银行的权益也要中止或合理调整。但是，如果中止或调整行为影响到银行的资本结构时，经农场信贷署决定可不再调整。

为了满足农场对信贷资金的需求，法律规定：（1）每年的净存款应当首先用于补充资本金，满足借贷和谨慎管理的需要。但是，在剔除当年经营费用后，赞助人应当得到合理公平的回报。（2）地区合作社银行的净存款可以股份和参与证书或现金方式支付股东。（3）中央合作社银行的净存款在分配后，应以股份、现金或者股份加现金作为赞助退款退还地区合作社银行，如果是地区合作社银行或其他银行贷款，该退款应当退还向借贷人发放股票贷款的地区合作社银行或其他银行，地区合作社银行或其他银行应当向借贷人发放类似的赞助退款书。（4）如果出现净亏损，亏损应当结转，否则由未分配储备或盈余账户的应付项目承担，或由应急储备分配账户承担，或由盈余分配账户承担，或由其他应急储备或盈余账户承担，或者减少投票股份，或者减少全部股份。（5）对于以前年度的成本和支出，如果无法通过净存款摊销，董事会有权决定由银行储备或盈余承担，或通过监护权分配摊销。（6）允许合作社银行以应纳税方式，以现款归还监护权退款，并无须考虑存款用于盈余分配、应急分配储备和监护权退款。

合作社银行清算时的顺序依次为所有负债、1956年1月1日前发行的股本等值和所有非投票股份等值、1956年1月1日已有盈余和储备，这些均应偿还给该日期以前发行股份的持有人。投票股则按比例进行分配，任何剩余的已分配盈余和储备应当分配给实体，其他剩余盈余应当偿还未清偿投票股持有人。另外，除了个人所得税外，合作社银行的经营不缴纳任何税收。

关于合作社联合银行和国民合作社银行，1971年《农场信贷法》规定其组成也同样为合作性质，其权利和义务与地区合作社银行和中央合作社银行相同。创始董事应当包括农场信贷地区董事会董事，这些董事由地区合作社银行的投票股东选举，永久董事会中应有3名来自不同农场信用区银行，最少1名为农民，1名由投票股东选举产生，剩下1名由以上董事指定，董事任期3年。为避免联合银行的信贷组合过于集中，可成立区域服务中心解决这一类问题，联合银行的功能应当最大限度地集中于银行总部。联合银行应当建立单独集合基金，由每个法定农场信贷区合格贷款户的贷款组成，并允许根据权益分配年金、分摊支出、分配净盈余。

4. 关于农场信贷体系两类以上机构的相互关系的规定

1971年《农场信贷法》对两类以上农场信贷体系的金融机构的相互关系进行了规定。法律规定了农村信贷署和救济会可以根据规定运用周转金。任何一家农场信贷体系银行的权利包括：（1）向体系内任何银行借贷和放款，向任何商业银行借贷，发行充分担保证券，并决定运用超额资金投资；（2）经农场信贷署同意，可与其他银行联合借贷或共同发行证券；（3）经过联邦农场信贷银行基金公司单独或与其他银行联合发行证券。

农场信贷体系内的机构必须满足最低资本充足率要求，否则不能视为安全经营，达不到要求者需限期整改，但是农场信贷署无权要求银行合并。对于农场信贷体系所管辖机构的资本，1971年《农场信贷法》规定应制定实施细则，具体包含本机构股份、股票等值和数量，规定贷款收费、资本充足标准，并规定投票股东应是符合借贷条件的借贷者和合作社，比如中央合作社银行股东中，其他合作社银行是投票股东，如果是非合作社银行，农场信贷体系合作社是投票股东，实施细则的生效就要经过多数股东的投票。作为借贷条件，借贷人贷款时，应当购入投票股和参与证不低于 1 000 美元或贷款总额的 2%，以二者中较低为准。如果两年内全部还清贷款，借贷人手中的投票股全部转为非投票股。在关于资本金减少的规定中，实施细则应规定，董事会不得使信用社的永久资本低于最低资本充足率。

法律规定，农场信贷体系内各银行为自身的负债承担义务，国家没有负债义务。但是，在该条款生效的最初 5 年，农场信贷署不要求银行满足资本充足率目标。农场信贷体系发行的证券可以作为投资手段，联邦储备体系内任何银行都可以买卖，农村信贷体系银行可以回购本行或体系内其他行发行的证券。

为了保护借贷人，1971 年《农场信贷法》规定退股时应当等值退款，如果银行不能等值退款，接管方负有等值退款义务，由金融救济会指示金融救济公司提供充足基金加以归还，或者由农场信贷体系保险公司提供农场信贷保险基金归还。

法律规定，任何农场信贷机构不得自行解散，解散须经农场信贷署授权，并符合相关规定。该部分体现了对股东利益的充分保护，清算后的合作社银行继承者是农场信贷体系保险公司，如果是非自愿清算，农场信贷署规定监管银行应采取措施，把损失降到最低。

关于借贷人的权利和贷款重构，法律规定了利率、相关文件、贷款申请、不予贷款等事宜，并要求书面提前通知贷款农户。银行应当成立信贷审查委员会审查贷款行为，独立进行信用评估。在借贷申请人提出评估申请 30 天以内，信贷评估委员会开出由 3 名评估人组成的最终信用评估人名单，供借贷人挑选决定评估人。

对于不良贷款，合作社银行可以停贷，而如果借贷银行认为贷款重构成本不高于停贷成本，银行可以根据重构政策对贷款进行重构。应当按照成本最低方案计算重构成本：实施重构计划由银行承担的本息收入现值、合理的管理费用、隐匿成本等。银行的重构程序包括递交申请、信贷审查委员会审查、向农场信贷署提交政策等。

借款人股份重构后，如果农场信贷银行豁免了欠款人的本金，联邦土地银行协会应当取消借款人同量美元的股份，最高可为全部股份，联邦土地银行协会也要从银行退出等量的股份。如果农产信贷协会豁免了借贷人的本金，联邦土地银行协会应当取消借款人同量美元的股份，最高可为全部股份。但是，借贷人应当至少保有1股股票，以维持在协会的会员资格和投票利益。

在对借款人保障方面，1971年《农场信贷法》规定如果借贷农户承担了贷款义务，贷款行不得对因增加附加条款造成借贷人损失而停贷，也不得要求借款人减少本金余额，除非借款人把贷款售予他人，或者各方有言在先。贷款机构也不得要求借款农户加速还款或延期还款。任何金融机构不得以借贷农户的农业资产做抵押而使借贷农户放弃各州的调解权。

5. 其他规定

1971年《农场信贷法》第四部分对于金融机构行为作出了界定。各农产信贷协会和联邦土地银行协会均需由股东在年会上投票选举下年度提名委员会，提名委员会的分布在地区和农户类型上应有代表性。关于利率，由金融机构自行制定，不受各州法律约束。共同贷款各方分别受本法不同银行所属类别的相应法律管辖。

法律规定，农场信贷银行和直接信贷人协会，除以下情形外，可根据授权共同向"相似实体"提供贷款分散风险：（1）单笔信贷风险超过农场信贷银行和协会总资产的10%；（2）农场信贷银行以及协会与农场信贷体系银行的贷款比例之和超过贷款总量的50%；（3）贷款超过农场信贷银行和协会资产的15%。联邦土地银行协会和农产信贷协会要制订支持本信贷区年轻农牧户、新农牧户和小农牧户的专门信贷计划，计划接受监督银行年度审核，并向农场信贷银行提交执行报告。此外，法律规定，所有涉及选举和合并的投票均为无记名投票。

1971年《农场信贷法》第五部分规定，所有银行和协会均应经农场信贷署授权成立业务机构，并成为农场信贷体系的下属机构，同时受各州法律管辖。在1971年《农场信贷法》第六部分关于保险的销售中规定，农场信贷体系银行和协会可以办理保险业务，但是不得强制借贷人参加向农户提供的保险产品，包括信贷保险和多重风险作物保险等。银行应当提供两个以上、在本信贷区开展保险业务的私营保险公司的成本和质量信息，方便借款农户购买，尽管保险可能是申请银行贷款的条件，农牧户也不一定必须在本区银行购买。

第三节　合作金融的监管、风控和政策支持

健全的监管是美国农村合作金融最为突出的特征，体现在以独立监管制度为基础的多元监管主体体系之上。

一、合作金融的监管

美国信用社的监管机构主要分为两类：一类是全美信用社管理局，是经国会批准设立的联邦机构，主要负责联邦注册信用社的监管，同时对参加全国信用社存款保险基金保险的州注册信用社进行监管，此外还负责运营管理全国信用社存款保险基金。全美信用社管理局在六个大区设有监管分局，为其派出机构，分别负责辖区内信用社的现场和非现场检查。全国信用社管理局共有工作人员1100人，其中总部200人，六个分区约200人，其他700人为现场和非现场稽核人员，每个稽核员分管10~15家信用社，多数稽核员在自家办公。另一类是州注册信用社监管机构，主要负责对在州政府注册的信用社进行监管。对州注册信用社的监管按各州颁布的相关法律进行，在大部分情况下，由监管机构的某个部门实施监管。州注册信用社监管机构建立了自己的协会，负责协调各州之间信用社的监管。

董事会是全国及各州信用社监管当局的最高决策机构，董事会成员由联邦总统和各州行政长官任命。监管当局的经费来源主要是向信用社收取的监管费和存款保险基金的投资收入，政府财政不出资。此外，还有一些相关机构间接对信用社进行监管。这些机构包括联邦金融机构稽核委员会、联邦存款保险公司、选择权清算公司、州注册信用社监管协会、州注册信用社存款保险机构等。

二、合作金融的风险控制

互助保险集团是农村合作金融化解风险的重要主体。根据联邦政府对合作金融存款统一强制性保险的要求，该项业务由信用社的互助保险集团和联邦存款保险公司经营的保险基金共同承担，即此项保险业务由国家与农村合作金融共同承担风险。因此美国的农村合作金融在当前发展阶段，最突出的特点是形成以监管机构清算中心、互助保险集团、行业协会和联邦州政府两级主体交叉结合的严密监管体系。

三、合作金融的政策支持

美国政府对农场信贷系统实施税收和费用减免、隐性担保等措施，支持其发展：一是农场信贷系统发放的不动产抵押信贷业务免交所得税，非不动产信贷业务免交州和地方所得税。二是农场信贷系统作为政府支持实体（GSE），发行的债券受到美国政府的隐性担保，从而使其以较低的成本从资本市场获得资金。例如，政府支持企业发行债券的融资成本在 AAA 级公司债和美国国债之间，普遍被看作无风险债务。三是农场信贷系统不用向证券交易委员会进行证券登记，在美国部分州的不动产抵押贷款免交登记费，从而每年可以节省上百万美元的证券登记费用。

第四节　美国农场信贷系统发展的经验

一、政策目标明确，注重立法保障

美国农场信贷系统的使命和目标是为美国农业和农村经济发展提供安全、稳健、可靠的信贷支持及其相关金融服务。为实现这一目标，在美国农场信贷系统建设运营过程中，通过一系列立法进行规范和保障。1916 年《联邦农场贷款法案》、1923 年《农业信贷法案》和 1933 年《美国农业信贷法案》3 部法律奠定了农场信贷系统的基本框架，确立了农场信贷机构服务农业的基本职能、业务范围、资金来源等运作规则，并且设立了农场信贷系统的监管机构。

此后，又颁布了一系列法案对农场信贷系统各机构的运作进行规范和调整，其中最重要的是 1971 年《农场信贷法案》及其修正案和 1987 年《农业信贷法案》。1971 年《农场信贷法案》对美国农场信贷体系各机构的运作进行了严格的规范，明确规定了农场信贷银行及其下属协会拥有的权利。另外，为确保信贷资金真正用于农业，法律规定对贷款者资格的要求极其严格，农场信贷银行借贷人必须是农、牧、渔业生产者或者涉农企业，而合作社银行的贷款对象必须是农户合作社、水产品生产或收获者、合作社联合会以及有关法律规定的其他贷款者。1987 年《农业信贷法案》对农场信贷体系的结构和运营进行调整，增设了专业服务机构，合并重组了农场信贷机构，使农场信贷系统运作更加安全、高效。

二、严格风险控制，确保经营安全

农场信贷系统注重对风险进行严格控制，以确保经营的安全性和稳健性。首先，信贷法案对农场信贷机构的信贷投向及比例进行严格限制，确保农场信贷体系风险可控。例如，农场信贷机构不得为期货投机发放贷款，为农产品出口发放的信贷总额不得超过银行总资本的 10%，对不动产贷款单笔最高一般不得超过不动产评估价值的 85%。其次，成立了独立、专业的监管机构——农业信贷管理局，专门负责监督相关法律法规和制度的执行情况，对农场信贷机构的日常管理、财务状况及服务项目进行审查。如果某个农场信贷机构违反了法律法规或运营安全性较差，农场信贷管理局就能够及时发现，并予以纠正。最后，制定了高效严格的风险管理措施。农场信贷管理局采用金融机构评级系统对农场信贷机构的风险进行分级，对现有的及其潜在的风险进行评估，若某个农场信贷机构被鉴别出存在风险，农场信贷管理局会采取措施予以纠正，从而确保农场信贷系统的安全性。

三、产权关系清晰，注重公司治理

美国农场信贷机构在初创时由政府提供资本，目前所有权完全由农业借款人所有。借款人在获得贷款时，要用借款金额 5%~10% 的部分购买信贷协会有投票权的股票，信贷协会必须认购与借款人认购该协会股票额等额的所在区信贷银行的股票，成为该区信贷银行的股东。而非借款人也可以购买股份，但是没有投票权。农业借款人通过自下而上层层入股的方式，掌握农场信贷银行的所有权。农场信贷系统实行多级法人体制，建立了完善的法人治理结构，实施自主经营、自主决策，监管机构仅对其依法行使管理权力，而不干预其内部经营。

四、服务覆盖全面，关注重点领域

农场信贷体系有 3 个农场信贷银行（FCB）、1 个农业信贷银行（ACB）、76 个农场信贷协会母公司（ACA Parents）和 2 个独立的联邦土地信贷协会（FLCA），分支机构遍布美国农村。农场信贷银行和农业信贷银行从事批发贷款业务，为农场信贷协会和独立的联邦土地信贷协会提供贷款，向农业合作社、农村公用设施建设、农村水利系统建设提供直接贷款。农业信贷银行出资建立农场信贷租赁服务公司，为农场、农业合作社和农村公用设施提供租赁融资业务。农场信贷协会和独立的联邦土地信贷协会从事零售贷款业务，直接向农业生产者、农民专业合作社等提供农村住房贷款、长期不动产抵押贷款、中短期动产抵押贷款等与农业相关的贷款。

除了提供一般金融业务外，为解决美国农场主老年化的问题，确保农业经济可持续发展以及农场信贷客户的多元化，农场信贷系统开展了 YBS 计划，为年轻的、新兴的、小的农牧场主提供专门的金融服务，制定专门贷款审批程序，实施优惠的利率。农场信贷银行执行 YBS 计划的情况作为重点内容在年度报告中反映，并接受农场信贷管理局的审查和监督。

第五章

加拿大合作金融发展及启示 [①]

　　北美第一家信用社成立于1900年魁北克省的 Levis，为满足农民、渔民和矿工的需要，信用社在渥太华、来特兰斯省相继出现，20 世纪 30 年代的大萧条使农民融资难，信用社又在草原省份应运而生，40—60 年代又有数百家信用社出现在安大略省。目前，加拿大信用社是世界上最具活力的合作制金融组织。

　　2018 年 7 月加拿大信用社又有一则值得关注的新闻，即由包括加拿大 16 个最大信用合作社组成的加拿大大型信用合作联盟（LCUC）加入纽约的区块链 R3 联盟，LCUC 的企业成员包括 300 多万个实体，总资产超过 1 250 亿美元，此举的目标是开发新技术，使加拿大信用合作社更具竞争力。可见，具有 100 多年历史的加拿大合作金融还在发挥作用并想再添生机。

---

　　① 加拿大合作金融的研究材料较少，而合作金融在加拿大金融体系中占据重要地位。谭智心博士收集资料并研究形成了此章。

第一节　加拿大的金融体系与信用合作社

加拿大金融服务部门由几千家不同规模、不同业务范围的国内外金融机构组成（见表5-1），主要包括发牌银行（Chartered Banks）、信托公司（Trust Company）、金融公司（Finance Company）、投资经纪商（Investment Dealers）、保险公司（Insurance Company）等。有些机构提供多样化的服务，有些机构则专注于共同基金、信用卡或企业融资等领域，而加拿大信用合作社在加拿大金融服务中发挥重要作用，受到民众的认可。

表 5-1　加拿大的金融机构分类

分类	特征
发牌银行 （Chartered Banks）	由公众拥有的金融机构，能接受存款和提供贷款。发牌银行分为两类，第一类是银行必须为加拿大所有人；第二类是外资银行在加拿大的全资子公司，它们在加拿大开展业务有一定的限制，如分支机构的数量
信托公司 （Trust Company）	信托公司有全国性或地区性的，提供的服务大多与银行相同，可接受定期存款和提供贷款，管理遗产和信托
信用合作社 （Credit Unions and Caisses Populaires）	又称合作银行（魁北克省为 Caisses Populaires），信用合作社的顾客同时又是股东。存款人和借款人成为合作社的成员（Members），享有分红权。在加拿大的各省，都有一个合作中心完成各个分支机构的支票清算、审查、中心行服务
金融公司 （Finance Company）	大多数金融公司受省商业法律管辖，不接受存款。四种主要金融公司分别为消费贷款公司、销售融资和承兑公司、融资租赁公司、商业融资公司
投资经纪商 （Investment Dealers）	投资经纪商为公司和零售顾客提供认购和经纪服务。现在大多数本国投资经纪商为发牌银行所有，一些外国大公司也在加拿大设立了分公司。投资经纪商一般受省证券管理部门管理
保险公司 （Insurance Company）	分为两大类：人寿保险和一般保险公司，两者不能交叉经营
互惠基金 （Mutual Funds）	也称共同基金或投资基金，是北美的一种非常著名的投资工具，是集中众多投资者的资金并由专业基金经理进行投资管理的投资方式。一般有信托型和公司型两种组织形式

加拿大信用合作社（Credit Unions and Caisses Populaires）又称合作银行，其中魁北克省的信用合作社称为储蓄互助社（Caisses Populaires，在魁北克和加拿大其他法语区也称 Caisses Populaire）。合作社即"合作型"的金融机构，其所有权和控制权均属于成员。合作社合作原则是所有权和组织治理的基础。信用合作社是加拿大金融服务机构的重要机构，社员数量众多，业务内容多样。几乎每个省都有信用合作中心，用以完成信用社的支票清算、审查、中心行服务。有效补充了私人银行不涉足的领域，帮助所有加拿大人，都可以得到金融服务。

2015 年，在益普索（Ipsos）[①] 最佳银行奖评选中，加拿大信用合作社获得九个奖项，包括连续 11 年获得消费者优质服务第一名和优质机构服务第一名，连续 8 年获得企业价值第一名 [②]，这样的成绩在加拿大金融机构中非常瞩目。

第二节　加拿大合作金融的发展历程

信用合作社（Credit Unions），又称合作银行。首个合作银行在欧洲诞生。20 世纪初，信用合作社在北美地区发展起来。其之所以能够快速发展与当时的经济环境有着密切的关系。金融系统主要服务于资产实力雄厚的资本家，而穷人只能通过支付高额利息，才能从私人放债者那里获取信用贷款。为解决这一困境，资产实力较弱的人便通过相互帮助的方式获得资助。由于欧美地区借用互助合作的借款人主要分布在农村以农场主和一部分中小企业主为主。因此，在欧美国家信用合作组织发展的初期，其成员主要来自农村。[③]

---

① 益普索是一家独立的市场研究公司，由研究人员控制和管理。益普索成立于 1975 年，已成长为一个全球研究集团，在所有主要市场都有强大的影响力。益普索在全球研究行业排在第三位。

② 加拿大信用合作中心网站 https://www.ccua.com/。

③ 信用合作社在农村金融体系中具有不可替代的作用 [J]. 国务院发展研究中心调查研究报告内部资料 . 第 152 号（总 2667 号），2006.8.3。

1900 年，加拿大魁北克省成立的帝雅鼎信用合作社是北美第一个信用合作社（魁北克省也称为储蓄互助社），它是创始人帝雅鼎（Dormene Desjardins）按照合作互助原则建立起来的，当时只有 80 人参加。[①] 第一批信用社在魁北克省农村的教会教区发展起来，然后转移到魁北克和加拿大其他地方的工作场所和社区。1906 年，魁北克省专门立法，1907 年，用在提出了在联邦一级进行立法的议题，虽然议案未予通过，但已说明，当时的加拿大政府非常重视信用合作组织的发展。

到了 20 世纪 30 年代，萨斯喀彻温省（Saskatchewan，以下简称萨省）的信用合作社快速发展起来。萨省被誉为加拿大的"产粮之篮"，以牧场和麦田而闻名。萨省的信用合作社之所以能够快速发展起来，主要是因为这时欧美经济已进入大萧条时期，萨省温草原地区种植业遭遇前所未有的灾情，很多农场主破产，商业萧条，放债人也着急回收借款。到 1937 年，绝大多数农村人口需靠救济维持生活。资金短缺成为村民生存和农业发展的致命瓶颈，人们迫切需要通过新的途径获取信用，发展信用合作社的设想被提出来并付诸实践。

除魁北克省之外，到 2001 年底，加拿大共有 914 家储蓄互助社和 681 家信用合作社，历经 8 年发展合并，保留了 447 家信用合作社。到 2015 年底，除魁北克地区外，加拿大信用合作社有 284 家。这些信用社分布在全国各个地区，魁北克省和西部省份（如萨省）最为发达。

加拿大是信用合作社成员比例非常高的国家，有 1 000 万名社员，近二分之一的人口都是合作社成员。据统计，超过 70% 的魁北克地区人口都是储蓄互助社的会员，而在萨省，信用合作社会员的占比达到 60% 之多[②]。目前，加拿大信用合作社是世界上最具活力的合作制金融组织之一。

---

① 关于帝雅鼎信用合作社的考察报告 [J]. 农村金融研究，1996（10）：59–63.

② 加拿大金融业概况. 中华人民共和国驻多伦多总领事馆经济商务室 . http://toronto.mofcom.gov.cn/aarticle/ztdy/200406/20040600231081.html.2004.06.08.

第三节　加拿大合作金融体系及特点

一、加拿大合作金融体系的四个层次

加拿大的合作金融体系由基层信用社、信用社地区联盟（信用联社）、信用社省联盟（总联盟）及联邦信用联盟四个层次组成。

联邦信用联盟——第一家联邦信用联盟（Caisse populaire acadienne ltee）于 2016 年 7 月 1 日成立，拥有 155 000 名成员。联邦信用联盟得以成立是因为 2012 年，加拿大联邦银行法案通过了立法，允许建立联邦信用合作社[①]。

信用社省联盟——负责制定政策、方针、规章制度，研究开发新产品、软件，并监控管理各信用社。内设保险基金会，每年向成员信用社收取少量保险基金，以保障各成员信用社的支付能力；设立资金会，负责筹集资金、发行债券，以及沟通信用社与资本市场投资者的联系。

信用社地区联盟——是基层信用社以自愿为基础组织起来的经济体，负责指导监督基层信用社落实总联盟社制定的方针政策及各项规章，并提供培训、资金调剂等工作。

基层信用社——为本社成员提供各方面金融服务。

二、加拿大合作金融的三大特点

加拿大合作金融的发展特点主要体现在以下三个方面。

第一，以省为界限的完善组织体系。各省的信用体系由信用社、地区性联盟和总联盟三个层次组成。

第二，依托省联盟的合作金融监管体制。加拿大的中央银行只有制定货币政策的职能，加拿大政府和各省政府经济监察委员会才有承担金融监管职责。

---

① Credit unions in Canada. http://nosmut.com/Credit_unions_in_Canada.html.

第三，科学有效的内部法人治理机构。信用社的理事会和监事会成员一般是由社会杰出人物自愿兼职，不在信用社领取报酬，他们不但具有管理信用社的才能，更重要的是具有合作精神、热爱合作事业，积极实践合作理念。借助信用社联盟的自律管理和服务，社员代表大会、董事会、监事会和总经理之间进行有效制衡。信用社理事会、监事会可以充分利用上级联盟的稽核审计结果和法律咨询，对理事成员、总经理执行内控制度等情况进行监督制约。

三、加拿大合作信用社的合作性体现

1. 所有权归社员所有

成员是信用社一切权利的基础，也是信用社服务的主要对象，成员要交纳5~25加元才能取得成员资格。信用社的股权完全为成员所有。信用社每年要召开两次成员代表大会，讨论决定本社重大问题和年度工作计划。信用社的管理者不是由政府任命而是由成员选举决定，只有正式成员才能参加选举，信用社的管理者也必须对成员负责。由于成员在信用社有实实在在的利益，所以对管理者的选举也非常认真。

信用社一般一个季度向成员通报经营情况，一般每年有年报。在遇到特殊情况时，会召开成员大会。各信用社是省级信用联盟的成员，省级信用联盟的所有权为信用社所有。由于这种层层控制的形式，省级信用联盟实际上也为信用社成员所有。正是由于成员有这样一种行使权利的机制，信用社的产权非常清晰，运转也很健康。

2. 社员权益

（1）为社员提供金融服务。信用社采取市场化方式运作贷款，虽然没有利率方面的优惠，但它能保证农村资金需求按时足额获得满足。信用社的服务项目齐全。面对激烈的市场竞争，合作社不断调整经营策略，先后开办了保管箱、投资、保险、信用卡、国际金融、证券、房地产、运输保险等业务，为顾客提供全方位的金融服务。

（2）信用社实行返利分红。返利分红是信用社体现成员权益的重要表现。信用合作社财务状况良好时，每年盈余以7%~10%的比例向成员返还，体现了

成员权益，密切了信用社与成员之间的利益联系。

第四节　加拿大合作信用社的风险控制与创新

一、风险控制体系

1.建立绩效考核体系

目前，各信用联盟已经发展出一套法人绩效考核体系。这套考核体系用于考核信用社的业务活动是否与目标相符，支持目标和战略的扩展，清楚表达经营预期，促进管理层进行竞争，提高透明性、明确责任和保证控制目标的实现。信用联盟还专门针对自身开发了内部风险管理框架，包括风险确认、风险监测、风险评估以及过程控制。该框架能够根据产业变化、信用社系统进展，对这些变化作出反应。目前，信用联盟正准备将风险管理获得的资料、绩效考核手段运用到战略计划制定过程之中，一方面能够改善内部治理，另一方面也能够激发信用社的创造性。

2.运用现代化管理手段和严格的稽核审计制度

开展业务时，信用社将每月各项业务数字及财务执行情况输入计算机，总联盟社的监视系统通过网络系统进行统计、分析、对比、确认，内容包括贷款单位或个人的经济情况、还贷能力、市场情况、财务收支情况、每百元收息率、职工个人的经济情况等，如出现不良情况，系统立即显示，并对信用社提出善意警告，以引起注意。同时将网络系统的分析、确认情况分别送到各业务部门和两个审计部门。

两个审计部门，一个负责对总联盟社内部进行审计，另一个负责对各联社、基层成员社和非成员社进行审计。审计的主要内容是审计方针、政策、财务预算、会计制度的执行情况，并受政府委托，对各基层社年终决算、纳税情况等进行审计后，报政府部门。

除此之外，还有随时审计和常规审计两种。随时审计是审计部门通过网络收来的各类资料，会同联社审计人员随时深入基层信用社进行全面或专项审计，若发现问题，则先向基层社董事会提出整改意见，具体由董事会决定执行。若董事会拒绝接受，则由联社董事会强制执行，必要时可更换董事会成员或基层信用社主任。魁北克省法律规定常规审计即周期审议，通常每18个月作为一个审计年度，常规审议需要对所有的基层社进行一次全面审计。审计内容包括但不限于方针、政策、法规、会计制度、财务预算的执行情况以及信贷资产质量等。

3. *严密的外部监控并化解金融风险*

在法律和公共政策框架下，政府与储蓄担保公司联合对信用社实行监管。其中，政府的监管机构主要有两个：一是消费者保护与公共利益机构。主要是保护与信用社有关的利益方，如存款人、借款人、投资者等的利益，并关注信用社非正常运转给社会带来的损失。一般情况下，这类机构不会干预信用社的具体业务活动。二是注册机构。这类机构有权派出代表监控信用社全部业务或者部分业务，并且是直接监控。一般情况下，这类机构会与储蓄担保公司合作监管信用社，且会直接派人现场监管。

二、风险管理创新：储蓄担保公司

为抵抗信用社金融风险，早在1953年，某些省信用社就建立了以保护存款为目的的互助基金，帮助信用社稳定发展。互助基金后来发展成为储蓄担保公司。

储蓄担保公司是萨省信用联盟内部独立的风险承担者和风险监管者，基本职责是担保萨省信用社的储蓄的偿付。储蓄担保公司被赋予的职能包括担保基金的保值、管理和经营；为信用社制定业务标准；根据业务标准监测信用社的平稳运行；在信用社遇到与存款有关的风险时指导其采取适当干预措施。

储蓄担保公司是信用联盟的最后一道纺线，责任重大。为将风险消除在萌芽状态，储蓄担保公司采用预防性原则和审慎原则进行风险监管。

储蓄担保公司主要有三个部门：

一是存款保护与控制部门。该部门建立了一个专门的基于风险的监测系统，对每个信用社成员的活动进行严密监测，以分析单个成员的风险以及整体风险。

2005 年，风险监测系统启动了过程考核的手段，这比以前主要侧重点的考核有较大改进。由于金融机构市场行为公平、透明和标准等问题在北美已经广受关注，储蓄担保公司鼓励信用社自愿建立体系采取行动。为保持担保能力的稳定性，储蓄担保公司已经建立一个长期的筹资战略，以确保存款人的信心。

二是风险防范部门。该部门通过加强与信用社的联系、发展信用社决策者能力、提高信用联盟风险管理能力来实现风险防范战略。2005 年，储蓄担保公司还要求信用社参加强制保险计划，以提供风险应对能力。该部门与信用社紧密联系，并不利于将金融和商业活动的信息传递给信用社。

三是法人治理改进部门。目前，该部门已经发展了一套法人绩效考核体系以衡量社团法人在实现目标方面取得的进展，这样可以对信用社的绩效进行量化管理。该部门还为信用联盟建立了专门的风险管理框架。通过量化的考核体系，信用联盟可以实行内部控制。正是由于萨斯喀彻温信用社有了这样一个"防火墙"，几十年来，信用社都能将风险控制在可以承受的范围之内。

第五节　加拿大合作金融及其对我国的启示

1. 合作信用社的健康发展，离不开法律的保障

加拿大合作金融发展的每一个重要阶段，都有相应的立法行动，都以相应的法律条文为保障。为明确地位并规范运转，加拿大制定了《信用社法案规定》等专门法。并通过颁布有关规定约束信用社的行为。总体而言，加拿大信用社制度体质包括政府制定的法律法规、储蓄担保公司的健康业务标准、信用社内部约束会员行为的规章、信用社理事会条例，以及其他相关程序性规定。

2. 坚持为全体社员提供良好的金融服务是信用社的宗旨

贷款优先、利率优惠是加拿大对合作社社员实行的政策。即使信用社发展壮大需要经济效益，但绝非以盈利为唯一目标，信用社讲求"社员效益"优先，例如，制定贷款利率要能促进生产的发展；信用社利润要对社员予以适当返还。

3. 信用社须加强自身管理

积极引进和运用现代化管理手段是加拿大合作信用社能够迅速发展的动力，业务数字化、管理自动化、监控网络化，使信用社服务质量和竞争能力不断提升。同时，积极开拓新的业务领域，信用社在保证支农资金需要的前提下，逐步实现资产多元化和服务多样化。

4. 信用社注重风险控制和方式创新

加拿大信用社有完整的风险控制机制，也注重创新风险控制方式，实现风险监测、风险预警、风险分散的多样化渠道。

5. 加拿大政府为农村信用合作组织提供良好的金融生态土壤

欧美国家非常重视信用体系的建立，加拿大政府亦如此。加拿大的借款人假如失去信用，以后很难再获得贷款。总体来看，加拿大的金融生态环境是非常好的。以萨省为例，其信用社就有着特殊的金融生态：政府为支持信用合作社发展，出台了一项专门的政策，若合作社成员无法还款，政府将负责偿还四分之一，如此，信用社的贷款风险就被极大降低了。

第六章

日本合作金融部分 [①]

　　日本农村合作金融起源于20世纪初，是由日本的产业组合制度演变而来的，产生初期日本农业面临着生产方式落后，生产力水平低的问题，当时的政府需要提高粮食的自给率和产出率，需要大量的资金支持，但由于日本以小农为主的农业自然灾害风险较大，正规商业金融不愿涉足，故为合作金融的产生提供了基础。1943年日本农协成立，这是日本现代合作金融正式建立的标志性事件。

　　1947年日本正式设立"农业合作金融法"，根据Rochdale原则诞生了合作金融，但是与其他诸多国家的合作金融体系不同，日本的合作金融不是一个独立的系统，而是嵌于农村合作经济中，其主要特点是以农村协同组合即农协为载体，在基层日本按照行政区划建立农协系统，遍布各村、町，为农户提供全方面综合的农业生产和生活服务，与此同时，在基层系统内设置了金融部门，并以此为基础建立了功能完善的合作金融体系，但在高层的体系中，独立成立农林中央金库，负责基层剩余资金的运营。组织架构上形象地称为"二三三"模式，即同时并存合作金融和政策金融二种结构，按照产业划分为农业、渔业、林业三个系统，在每个系统内部又分为上、中、下三个层次。日本的模式也影响了韩国和台湾的合作金融体系建设，几者合并称为独特的"东亚模式"。

　　[①] 本章作者为何婧博士。

在此框架下，日本形成了以合作金融为主，政策性金融为辅，商业性金融机构参与度低的农村金融格局（温信祥，2014）。首先，全国农协将所有农户纳入，农协对农民提供全方位的服务，包括农业生产、销售、生产资料的购买和金融服务。其次，日本政府将政策性金融定义为辅助功能，由日本政策金融金库的农林水产事业部门主导，用以弥补合作金融的不足，且日本政策金融金库分支机构网点较少，职员有限，还是依赖农协、农信联和农林中金的系统组织作为业务委托机构，发放政策性贷款。最后，日本商业金融极少参与农村金融业务，一方面与合作金融在农村的垄断地位有关，另一方面，农业贷款的特殊性与城市商业机构经营特点存在差异，较少银行进入。

第一节　日本合作金融的发展历程

金融是服务实体经济，因此金融组织形式的发展与当时的经济发展水平密切相关，日本合作金融的发展也顺应了日本农业经济的发展脉络，日本农业经济具有典型的东亚小农的特点，呈现人多地少的情况，按照经济发展的不同阶段，日本合作金融也大致经历了 7 个阶段的发展。

一、二战之前的农业产业危机与产业组合的兴起（20 世纪 20 年代—1945 年）

一战后日本爆发了严重的经济危机，股票市场出现暴跌，为了实现工业化，国债发行规模剧增，为了继续维持经济生产，日本政府采取通过设立救济资金，将生产资料和资本进行集中，同时与企业联合，共同构建了财阀体制的雏形。在农业方面，农村的经济背景是大地主控制着农村经济的命脉，结果造成农村的产业组合实际是为大地主所控制、为大地主服务的、扭曲的合作组织，自耕农和半自耕农在合作组织中的利益并没有得到有效保护，相反，它成为组织内部大地主成员剥夺的对象（苑鹏，2015）。虽然在组织形式上，1923 年日本政府创立了产业组合中央金库，1924 年实施了《产业组合中央金库法》，产业组合体系确立了基层农协、信联社和中央金库的三级信贷系统，但其决策权主要是在地主等大股东的手里。随着"二战"的开展，国家进入战时状态，日本政府根据战时政府管制法，将农业中自主性的产业组合转变为以为国家提供物质为主要目标的机构，1943 年通过了《农业团体法》，产业组合中央金库改名为农林中央金库。

二、战后恢复阶段（1945—1960 年）

"二战"后，日本农协进入全面腾飞的发展阶段。为了避免军国主义思想的蔓延，下令解散战时的半官方组织"农业会"，与此同时，为弥补解散农业会的组织空缺，占据军于 1947 年颁布了《农业协同组合法》，宣布由综合农协承接了农业会的全部财产,《农业协同组合法》规定了农协的目标、职责范围、成员及组织结构,具体从组织架构来看,农协分为三级,即农协、县联合会、全国联合会,地区上实行分区制,即每个村庄有且仅有一个合作社,其为村民提供供应、信用、销售、保险等综合服务。由于当时资金的匮乏,政府无法拿出足够的资金,综合农协成为当时农民唯一能够选择的组织化资源。1947年也同时颁布了《农业合作金融法》,形成了目前农村合作经济组织和合作金融的主体(瞿振元,2007)。

三、高速增长阶段(1960—1975 年)

在"二战"之后的重建过程后,1960 年日本迎来了经济的高速增长,农村地区出现了迅速的城镇化过程,农村人口向城市聚集,且从单一地从事农业生产向多种行业的兼业化发展。为顺应此形势,1961 年日本政府颁布了《农业基本法》,着重关注提高农业生产率和加速农业现代化等方面的问题,大力发展协同农业,调整了经济结构政策。金融方面,制定了农业现代化资金制度,出台了农业信贷保险制度,制度规定信贷补充资金的来源实行从政府补助向市场融资的转变。

四、平稳增长阶段(1975—1990 年)

石油危机后,日本经济增长速度放缓,为应对经济下行,日本政府采取了积极的财政政策,金融方面,着力提升金融国际化水平。1980 年以后,日本国内大量资金开始流向建筑业和房地产行业,出现经济泡沫。与此相对应地,农业经济也开始进行了一系列改革,1970 年培育自立经营模式的综合农村政策改革。1975 年实施了稳定粮食需求的综合粮食政策改革,在 1980 年,日本农村政策基本实现与国际化的接轨,但在此段实践中,由于日本稻米产量的增加和农产品自由化的实施,整体市场农产品价格低迷,农业投资吸引力降低,投资额减少,且由于外部经济泡沫的虹吸作用,农协的发展也较为缓慢。

五、农协金融国际化与自由化发展阶段(从 1990 年至今)

1989 年日本经济泡沫破裂,诸多金融机构的经营情况不佳,金融出现系统性风险。金融体制也亟待解决改革，因此，1996 年日本政府发布了"金融大改革宣言"，1998 年实施了《金融系统改革法》，旨在加快日本国际化金融系统的建设。日本农协金融信贷业务也受到了冲击，在经济泡沫破灭之后，整体规模收减严重。因此，日本政府于 1996 年颁布了《农林中金与农村金融全会合并》等法律，并于 2002 年对《农林中央金库法》做了补充修订，新运行了 JA 银行系统，该系统主要面向农协组织成员提供包括信贷等一系列服务。

第二节　组织体系

随着 1947 年日本颁布并实施《农村协同组合法》，正式地从法律层面确立了日本农村合作机制构建，随后逐步形成了完善的农户→基层农业协同组合→县农协中央会→全国农协中央会的组织机构（瞿振元，2007；高木勇树和薛桂霞，2006）。对应的合作金融机构按照地区分布，分为三个层次：基层农协称为信用合作组织、都道府县称为信用联合会（简称信农联、信渔联、信林联）和中央层面称为农林中央金库（鲍静海和吴丽华，2010）。各村农户作为社员，入股参加基层农协信用合作组织，都道府县的信用联合会成员则是各基层农协信用合作组织，中央层面的农林中金金库成员为信农联。虽然下级持股上级机构，上级机构能够对下级机构进行指导和监督，下级机构需要将剩余资金上存上级机构，上级机构在下级机构资金不足时，给予资金融通，但是三级机构经济上是独立经营、独立核算，不存在领导与被领导的关系。具体三级机构的设立如下：

一、基层合作组织

这是日本农村合作金融系统的最基层体系，市、町、村的农民，其他居民和团体可入股进入基层合作组织。基层合作组织按照产业分为农业协会（Japan Agricultural Cooperatives）、渔业协会（Japan Fishery Cooperatives）和林业协会（Japan Forestry Cooperatives）。协会不仅仅是合作金融的基本单位，更重要的是为农业、渔业和森林生产活动提供指导，提供生产资料、市场销售信息，同时提供人身和财产保险产品。

从事相应生产活动的农户可自愿加入、退出协会。会员分为准会员和正式会员两种。根据《农业协同组合法》规定，对会员的标准有着清晰的界定，仅有以下五类个人或组织有资格成为会员：（1）农民；（2）经营农业的法人；（3）在本地区内居住，并利用农协设施的个人；（4）地区内的农协；（5）成员主要为农民的法人、团体。其中，农民必须符合以下两个条件其中的一个：（1）有 10 公顷以上的耕地，而且耕地和住所必须在所属农协的地区之内；（2）1 年中从事农业活动 90 天以上。这里所指的农业活动包括耕种、畜牧、养蚕业及林业。正式会员（Regular Membership）需要符合第（1）条和第（2）条，符合第（3）条、第（4）条和第（5）条的农户只能成为准会员（Associate Membership）。

图 6-1 所示是典型的日本农村基层农协组织构框架。基层农协的最高权力机构为会员大会。会员大会决定事项时，遵守合作制民主决策原则，实行一人一票，而非按照持股比例股金享有投票权多少，由正式会员表决决定重大事项，但是随着会员人数的增加，会员大会实际上难以开展，现多由代表大会取代，代表大会每年召开一次，选举产生理事，组成理事会，负责农协的日常经营，三分之二的理事成员要求是有投票权的正式会员，同时绝大多数理事要求是专业农民（nintei-nogyosha）或者职业经理人。理事会每月召开一次会议，理事之间选举产生理事长，负责日常领导工作。农协内部包括农业生产、生活等多部门，金融部门是其中的一个部门，负责会员的所有金融业务，吸收会员存款，对会员发放贷款，将剩余资金转存上级信用联合会，同时在资金不足时，也可以向信用联合会申请贷款，金融部门运营所获得的收益归农协分配。普遍来说，金融部门是日本农协最赚钱的一个部门。

随着农业生产占经济比重的不断降低，农业从业人口的减少，人口老年化的加剧，基层合作组织的数量不断降低，正式会员的占比逐渐减少，准会员的占比增加。以农协为例，2003 年日本共计有 952 家农协，但到 2017 年 4 月 1 日，仅有 652 家基层农协。但成员的人数确实呈现增加态势，增长的部分主要来自准会员的增加，正式会员的人数与协会的数量变动一致，呈现下降趋势。以农协为例，农协会员数从 1994 年的 896.6 万人增加到 2014 年的 1 026.8 万[①]，但正式会员的比例却从 60.91% 下降到 43.78%，已经低于 50% 的水平。

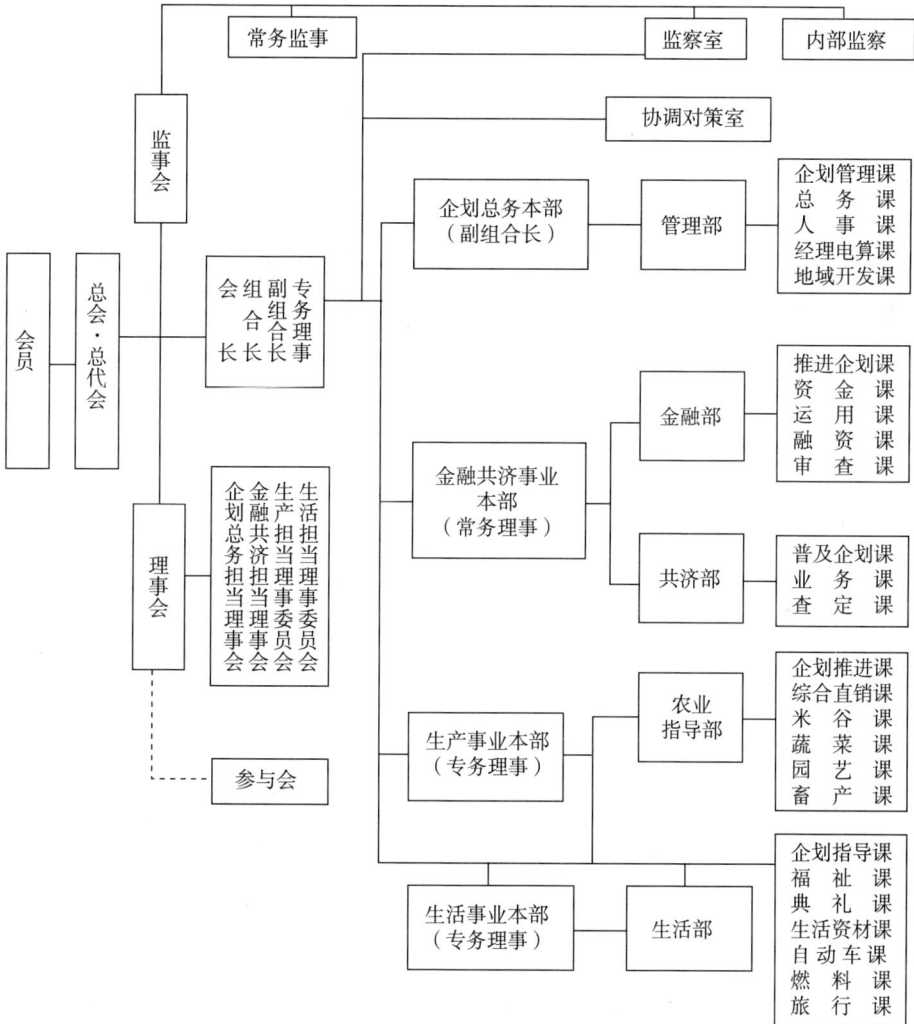

图 6-1　日本农村基层农协组织构架

（资料来源：温新祥，2014，《日本农村金融及其启示》，经济科学出版社）

---

① Change of Number of Members or the like of Multi-Purpose Agri. Coops，http://www.nochuri.co.jp/tokei/2016/chart01.pdf

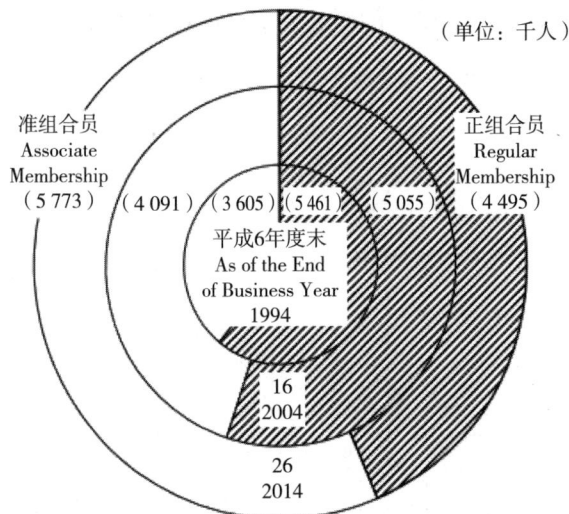

图 6-2　日本农协会员构成比例

（资料来源：农林中金网站）

二、信用联合会

合作金融的第二个层次是信用联合会，这是中间层次，构架在基层农协和最高层次的农林中央金库之间。主要金融业务有两项，其一，为其基层合作组织的会员提供服务，通过办理存款、取款业务，以此调节各农协之间的资金余缺，也实施对市、町、村等基层合作组织的金融工作指导职责，基层农协需要将一定比例的保证金上缴至信用联合会；其二，信农联将剩余的存款资金，上缴农林中央金库，如果发生资金短缺，可以从中央金库处进行调剂，起到资金融通的作用（Norinchukin Research Institute，2015）。除此之外，信用联合会也向地方公共团体等机构发放贷款。同样根据农业大类的分类，可以分为信农联（Prefectural Banking Federations of Agricultural Cooperatives）和信渔联（Prefectural Banking Federations of Fishery Cooperatives）。

三、农林中央金库

农林中央金库（The Norinchukin Bank）是农协合作金融系统的最高层次，其由农业协会，渔业协会，森林组合及其联合会共同出资组建，属于全国性金融机构,也被称为合作金融系统的"中央银行"。农林中央金库成立于1923年,1943年组建成为银行,其主要职能是协调全国信农联的资金活动,进行资金运营,同时也向信用联合会等成员提供信息咨询等服务,指导信用联合会的工作(李巧莎和张杨,2017)。截至2017年3月底,有包括农业协会、林业协会、渔业协会和其他联盟与合作金融机构的3640家普通股股东。但作为合作金融组织,农林中央金库严格遵循"一人一票"的合作金融原则,即无论股东持股的比例多少,在投票权时,均是按照一人一票进行投票和表决。

农林中央金库的资金来源有信农联上存资金,还有经国家批准发行的农村债券。债券的品种包括5年期的付息债券,及1年期的折价债券。农林中央金库的资金运用对象主要是信用联合会,满足其资金需求,同时需要时也向关联企业,如化肥、农业机械等大型企业发放贷款。贷款的品种包括:(1)面向系统、团体等的贷款;(2)面向农林水产业必要的生产、加工、流通及关联产业的贷款;(3)农村基础产业及环境配套设施建设贷款;(4)面向公众团体促进社会经济发展的事业的贷款。同时,农林中央金库也从事购买有价证券等多种投资活动。与此同时,农林中金中间业务包括受农林公库的委托,发放财政资金,办理国际结算业务,并代理发行国债。

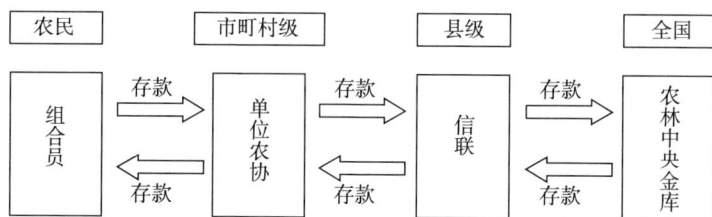

图6-3 日本合作金融组织结构

第三节 经营范围

在服务提供方面,全覆盖多层次的日本合作金融体系为社员提供了全方位的金融服务,业务的种类既包括传统的为社员提供存款、贷款服务,也包括日常结算、代收代缴费等其他结算类金融业务。同时诸多政策性贷款和保险也是通过合作组织进行。

1. 基层农协

基层农协是直接面向会员农户服务，根据行政区域划分，目前基层农协在属地开展业务，不可跨区经营。会员可将存款存入基层农协，存款的品种有活期存款、普通存款、通知存款和定期存款，与银行的规定一样，普通存款和活期存款可随时立等可取，活期存款用支票提取。利率方面，为了吸引存款，农协的存款利率可高于其他商业银行金融机构。存款业务针对正式、准会员没有差异。

在贷款方面，根据日本《农业协同组合法》规定，贷款原则上以会员为对象，不要担保，不以盈利为目的，贷款利率一般也比其他银行低，通常不需要担保。贷款可用于农民的借贷、维持农协自身运营以及投资各项发展事业等，贷款的品种包括用于短期的农业周转、生活资金和工商业周转资金等短期贷款，长期的生产性的设备资金和农业生产投资贷款，消费型的房屋建设改造和耐用消费品添置等长期贷款。

但贷款对象有着严格的限制，严谨地体现了合作金融的要求。规定且只有正式会员才能有特定资金的贷款资格，如无特殊情况，也只有正式会员才属于受益成员，非会员仅可以在正式会员许可，且不妨碍正式会员利益的情况下，才能获得贷款，且有严格的总量比例限制。

表 6-1　基层农协信贷产品简介

信贷工具	金额	用途	期限
农业现代化资金	个人：1 800 万日元；法人：2 亿日元	建筑物建造、果树栽培、家畜采购培养、小土地改良、长期营运资金	15 年
农业经济改善促进资金	个人：500 万日元；法人：2 000 万日元	肥料及饲料的购入等短期周转，额度内随借随还	
新农业振兴基金		农业生产、农作物的加工流通贩卖、地区事业振兴	长期 10 年；短期 1 年
农协农机房屋基金	经营资金以内	农业机具采购及检修等附带费用和保证金费用、可替换他行农机具贷款、大棚仓库等建筑建造	10 年以内

续表

信贷工具	金额	用途	期限
农林水产环境商业贷款		营运资金、设备维护资金	10 年以内

资料来源：根据《日本农村金融及其启示》（温信祥，2013）整理。

结算方面，基层农协的金融结算业务与农户农业生产经营紧密联系，农户农业生产中购买生产资料的资金支出，出售农产品的资金收入，日常生活中进行的耐用消费品支出，均可以通过农协进行非现金结算，针对结余资金，农户也可以把剩余销售款，和利润分成中的一部分或者全部存入农协信用部门，即可享受金融服务。同时，为了方便农民存款，农协还广泛使用了电子设备，如 ATM 等，农协工作人员也经常深入农户动员存款，增加存款资金来源。

农协也开展了各项中间业务，如保险的销售，同时还能代付工资、年金，代缴电话费、卫星电视费、电费、煤气、水费等各种税费。截至 2017 年 3 月 31 日，基层农协在日本设立 7805 个分部，11298 个 ATM，基层渔协设立 130 个分部，135 个 ATM，信农联设立 49 个分部和 731 个 ATM，信渔联设立 112 个分部，302 个 ATM。

2. 信农联

信农联主要是对基层农协经营信贷业务，在对基层农协服务的同时，也为其他社会团体提供金融支持，主要是信贷支持。但是对于非会员，信农联提供给他们的信贷支持在额度和用途上有一定的限制，总额上不得超过信联会员业务量的 20%，有一些地区为了保持当地资金使用的有效性，以及农协组织的稳定性，会将额度限制在 10% 以内，即仅有 10% 的可贷资金可向非信农联成员发放贷款。

表 6-2　信农联信贷产品简介

信贷工具	金额	用途	期限
农业经营基础强化资金	个人：1.5 亿日元；法人：5 亿日元	农地购买改良等、农作物的处理加工设备、果树家畜的购入栽培喂养、负债整理、法人出资等	25 年以内（宽限期 10 年）

经营体培养 强化资金	个人：1.5亿日元； 法人：5亿日元	农地购买改良等、农作物的处理加工设备、 果树家畜的购入栽培喂养、农地使用权获 得所需权益资金、负债整理及再融资安排	25年以内（宽限 期3年）

资料来源：根据《日本农村金融及其启示》（温信祥，2013）整理。

3. 农林中央金库

农林中央金库主要的资金来源为基层组织的存款，也有部分资金来自以农林中央金库名义发放的债券等。在资金的使用方面，主要用于贷款和金融市场业务，信贷业务中从贷款对象来看，包括对系统内农协、对农业生产相关产业、对农村基础设施建设和对其他社会团体的信贷支持。金融市场业务主要为购买各类有价证券。农林中央金库也经营中间业务，也可以在农林公库的委托下，代发财政资金。

表 6-3　农林中央金库信贷产品简介

信贷工具	用途	期限
农林债	农林水产业及相关企业融资	5年
投资信托		
农林水产环境商业贷款	营运资金或设备维护资金	10年

资料来源：根据《日本农村金融及其启示》（温信祥，2013）整理。

第四节　风险控制

风险控制是重要的环节，为了有效控制整个合作金融系统的有效运行，日本合作金融体系进行了一系列风险管理的制度安排，主要有三个方面。

一、存款保险制度

为了保证农协内存款的安全，日本政府于1973年建立了存款保险制度，与商业金融机构的"存款保险制度"类似，主要是保障存款会员的资金安全，以及在银行出现危机时，对金融机构进行救助。

农水产业协同存款保险机构由 4 家机构出资建立，每家机构持股 25%，这四家机构分别是政府、中央银行（日银）、农林中金和农渔协系统机构，注册资金 3 亿日元。理事长由农林水产大臣及大藏大臣任命，设立运营委员会，运营委员会有 9 名成员，农渔协系统组织的代表也能参加运营委员会。农协等合作金融组织缴纳一定比例的保险费用后，加入了存款保险组织，组织日常经营活动实施自主经营决策，一旦组织内金融机构出现破产时，存款者获得赔付。

农民只要在农协合作金融组织存款即存款保险制度立即生效，相当于进行了投保，不需要缴纳任何保险金。一旦存款所在的农协合作金融组织的经营业务出现危机，如停止提取存款或者宣告破产并解散时，保险机构则发挥存款保险作用，存款保险保障金额的上限为 1 000 万日元，1 000 万日元以下部分全额赔付，1 000 万日元以上作为对农协的债权保留，进入农协债券清算流程。

由于农协的稳健经营，和极少数农协出现经营困难后由其他农协并购，所以自存款保险制度创立以来到目前为止，还未发生过实际支付保险金的情况。

同时，1951 年设立周转基金（revolving fund system）时，要求成员将通过农协交易得到优惠的部分金额留存于农协之中，作为农协的发展资金，这也体现了合作原则里合作社的资金来自成员，成员按照交易量提供资金的原则。但周转基金在巴塞尔协议中，不作为资本金，不能计入核心资本，因此为了与现代金融监管的巴塞尔协议一致，2015 年修订的《农业协同组合法》将周转基金制度摒弃，不再要求成员留存周转基金。

二、相互援助制度

为了保证各个合作金融内部经营机构的经营稳健，同时为了防止单个农协出现经营困难后，挤兑波及其他农协，设立了相互援助制度。相互援助基金来自两方面，一方面，来自专项资金储备，农协合作金融组织每年 3 月底将其吸收存款的 10%，作为专项资金储备资金，该资金上交至农林中央金库；另一方面，信农联和农林中金也设立了专项基金，用于弥补援助贷款的损失。

相互援助制度还包括，当一家农协出现经营不善、资金周转不灵等问题时，可通过该制度向信农联申请支持，如申请紧急性或再建性低息贷款，帮助其缓解经营困境。援助内容主要是信贷支持，信贷分为紧急贷款和配套贷款两类。紧急贷款是指期限为 1 年以内的一定金额的资金。一旦农协接受了紧急贷款援助，那么必须在信农联和农林中央金库的指导下，制订重建计划，由信农联和农林中央金库评估重建方案的可行性，如果有必要的话，信农联和农林中央金库还为其提供配套贷款，配套贷款的期限较长，为 5 年期贷款，由农林中央金库作出债务保证。

三、农业信用保证制度

农业信用保证制度的设立主要是针对农协经营中的风险和损失，该制度的资金来自政府和合作金融组织，政府财政出资三分之一，其余三分之二的资金由各级合作金融组织共同出资，包括基层组织、信农联和农林中央金库。其业务有两大类，包括对农协经营损失进行补偿的损失补偿，还有对农协债务进行补偿的债务保证。这是目前日本农村信用保险体系中综合性最强、规模最大的保障制度。

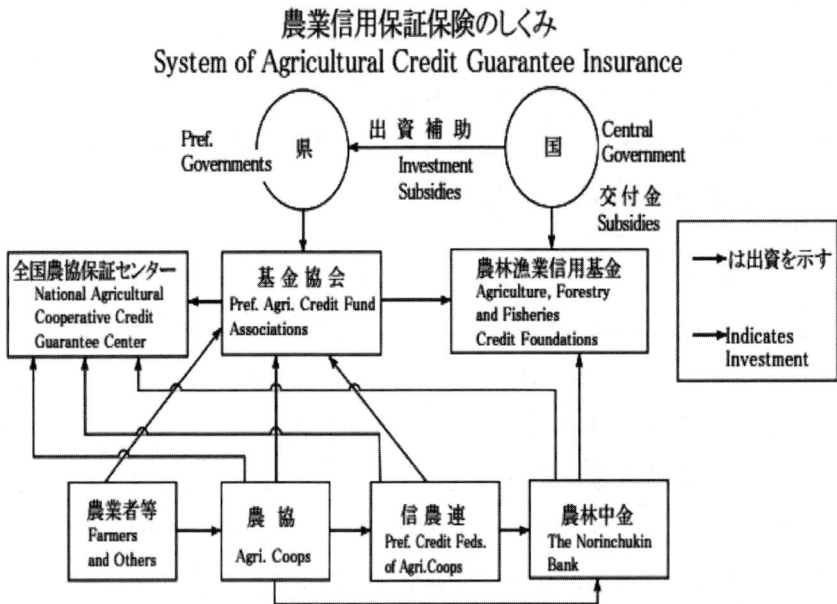

图 6-4　信用保证基金来源

（资料来源：日本农林中金研究所网站）

第五节　合作金融的经营绩效

一、合作金融资金的筹集和运用情况

总体来看，各层次的信用合作机构总体资金较为充裕，无论是在基层的农协还是信农联和信渔联，存款一直呈现 2%~4% 的增长，截至 2017 年 3 月 31 日，基层农协的存款额达 98 424 亿日元，信农联的存款额达 63 450 亿日元（Norinchukin Research Institute，2016）。

但与之相对应的是，农业信贷不断萎缩，虽然农协等合作金融组织成立的初衷是解决成员融资难的问题，但随着农业的发展和稳定，农业的信贷需求也在不断地减少，现在困扰合作组织的不是资金的短缺而是富余资金的增值问题。2017 年 3 月 31 日的年报显示，农协方面每年贷款的规模仅有 1% 左右的增长，远远低于存款的增长态势，基层农协的贷款额仅有 20 382 亿日元，存贷比仅20.71%，信农联的贷款额为 5 264 亿日元，存贷款低至 8.30%。渔业的冲击更大，由于外部对渔业发展的不利环境，渔业贷款甚至出现了每年平均 5% 的下降。这导致无论是在基层的农协还是中层的信农联，均有大量的富余资金，投放在证券市场。

从不同层次的信用合作组织情况来看，以农协为例，截至 2016 年 3 月底，基层的农协 95.9% 的资金来自会员的储蓄资金，存款资金充足，但仅有 20.6% 的资金贷给了当地的会员，多余的资金有 70.1% 作为预存资金交给了上级的信农联，有 4.1% 由基层农协购买了有价证券和信托基金。

作为合作金融的第二层次，信农联虽然其不直接接受基层农户的存款，但能够从基层农协中吸收存款，2016 年 3 月底，其 60.9% 的资金都是来自成员农协的存入资金，金额为 59 736 亿日元。资金运用方面，信农联仅贷出了总资产

5.1%，累计金额为 67 亿日元的资金，39.2% 作为预付金交给了最高级的农林中央金库，剩余的 19% 投资了证券和信托基金。

中央银行层次的农林中央金库，从 2016 年 3 月底的统计来看，59.5% 的资金来自农信联的存款，其中 51.7% 为农协的内部存款，5% 为非会员存款，1.8% 是其他存款，3.1% 通过发行农林债券筹集。资金运用方面，58.3% 的资金购买了有价证券，贷款占比仅为 16.9%，其中贷款对象中，仅有 3.8% 为相关产业贷款，剩余的 13.1% 为其他类型的贷款。

农林中央金库持有的有价证券主要是以低风险的债券和债权为主，AAA 级和 AA 级债券占比达 67%。中短期债券是主要的持有期限，其中一年以下的短期债券占比 43%，1~5 年的中期债券占比 37%，且农林中央金库从全球范围内持有债券资产，境外债券占比较大，在境内的债券也有不少是以美元计价的债券。

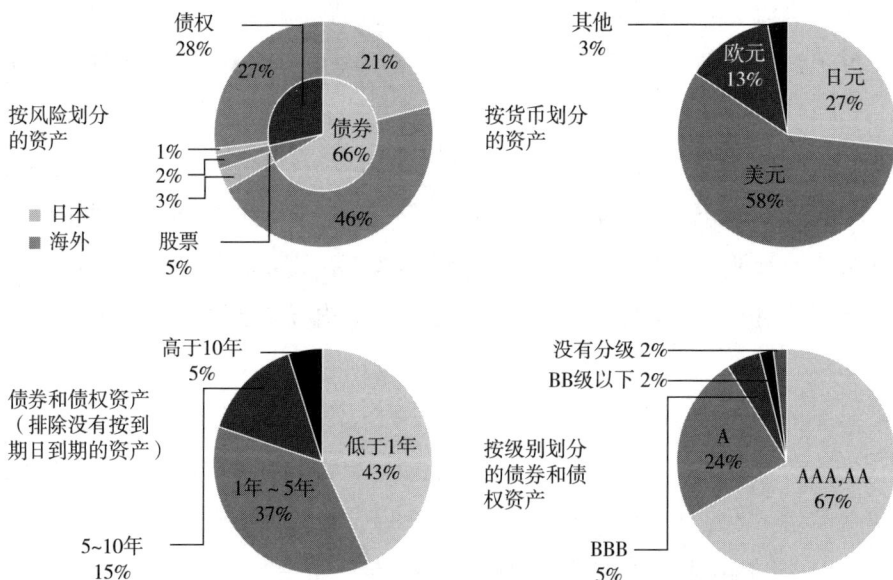

图6-5 农林中央金库债券投资类型

（资料来源：农林中金 2016 年年度报告）

二、合作金融的财务绩效

农林中央金库作为日本较大的银行，发展稳健，同时，也是日本乃至全球市场上重要的机构投资者。从财务报表的情况来看，农林中央金库的总资产呈现稳步增加的趋势，2017 年 3 月底总资产为 107 026.7 亿日元，净资产略有下降，为 7 008.8 亿日元，年利润为也呈现增长趋势，为 1 373.5 亿日元。

表 6-4　农林中央金库财务绩效

关键管理指标（统一）　　　　　　　　　　　　　　　　　　　（十亿日元 / 百万美元）

时间	2013/3	2014/3	2015/3	2016/3	2017/3	2017/3
总收入	¥995.5	¥1 086.9	¥1 360.0	¥1 287.9	¥1 373.5	$12 244
总支出	893.6	899.8	847.0	964.4	1 152.5	10 275
归属母公司所有者的利润	119.8	155.7	411.3	271.2	206.1	1 837
综合收益总额	949.7	251.3	1 403.0	（98.1）	（109.2）	（974）
净资产总额	5 767.2	5 976.5	7 308.1	7 186.7	7 008.8	62 483
总资产	81 496.8	83 143.6	94 549.7	101 182.9	107 062.7	954 468
资本充足率（国际清算银行）						
普通股一级资本比率（%）	16.01	17.43	17.17	18.94	19.31	19.31
一级资本比率（%）	16.13	17.56	17.24	18.99	19.34	19.34
总资本比率（%）	23.56	25.24	24.19	25.07	24.39	24.39

资料来源：农林中金 2016 年年度报告。

注：1. 美元按照 121.17 日元 /1 美元汇率进行转换，有效汇率的时间为 2017 年 3 月 31 日。

2. 银行的综合国际清算银行资本充足率的计算依据是金融服务局第 4 号通知和农林水产省的通知（《农林中央金库管理稳健性判断标准》）。

三、合作金融组织的风险控制情况

农林中央金库严格的按照巴塞尔协议的银行标准要求自身，资本充足率不断提升。截至 2017 年 3 月底，整体资本充足率为 24.39%，核心资本充足率为 19.34%。

第六节　保证措施

日本农协作为合作金融其中的重要一种模式，对亚洲其他国家和地区，如韩国，台湾地区的合作金融发展具有重要影响，在全世界的合作金融模式中，也占有重要地位。该模式能够长期持续地发展，顺应不同经济时期的变化，与日本政府构建了完善的制度保障是密切相关的。日本合作金融的制度保障主要有以下三个方面：

一、法律保障

日本出台了《农业协同组合法》和《农林中央金库法》两部综合性的农村合作金融法，详细规定了农村合作金融机构的经营范围、监管事项和权限等，一切农村合作金融活动都必须严格遵守这两部法律规定。为了更好地适应农村合作金融市场的发展变化，日本政府还陆续颁布了《农业生产合作社合并法》（1961 年）和《关于农林中央金库与信用农业生产合作社联社合并的法律（农协改革法）》（1997 年）。《农林中央金库法》从颁布至今也先后修改了 67 次之多。除此之外，还有《临时利率调整法》《农协财务处理基准令》以及《农业灾害补偿法》等法律法规。有了法律的保驾护航，农村合作金融的运作有法可依、有章可循，避免了不规范操作带来的经营风险。

二、财税优惠政策

通过各项财税优惠政策鼓励农村合作金融的发展，财税优惠政策主要体现在财务管理、税率增收、税务监管这三个方面。在利率方面，日本《临时利率调整法》规定：基层农协的存款利率可以高于普通银行利率，贷款利率可以低于普通银行利率。在税收方面，减免农村合作金融机构营业税、所得税和固定资产税，一般的股份公司适用的所得税税率为 62%，农协适用税率 39%，一般银行适用的法人税税率为 35.5%，农协适用税率 25%；在地方税上，一般企业适用税率为 50%~60%，农协适用税率 43%，合作性金融机构存款账户免征印花税。另外，政府对农村合作金融机构发放的贷款给予贷款利息补贴，允许分红进入成本，遇到经济危机或自然灾害时政府也会出资救助予以风险损失补偿。同时，日本政府还将农副产品收购业务和一些国家政策性金融业务委托农村合作金融机构办理，如国家对农业发放的补助金和长期低息贷款业务等，允许其收取一定的手续费（刘洁和张洁，2013）。

三、重点扶持制度

明确了合作金融是农业金融制度的基础，在此基础上，对合作金融制度进行重点扶持。日本多年的发展表明，合作经济是组织关系，主要是农民、个体户、一些私营企业和小中型企业的共同合作。这些成员之所以加入合作金融组织，是因为经济收入有限的贫困农民，在市场中也是弱势群体，生存困难，因此需要一个全国性，不以经济利益为目的的农村合作金融组织机构，将这类人组织起来，这也是农村的金融组织存在的重要意义。虽然随着农业和农村的发展，农协的合作性质也在逐渐淡化，在 2015 年最新对《农业协同组合法》的修订中，对农协的经营原则进行了重新的定义，删除了第 8 条 "不能以利益最大化作为经营目标" 这一原则，而改为 "农协在经营的过程中应该尽最大努力增加农业收入"（Norinchukin Research Institute，2015）。

四、农村合作金融市场环境

金融市场环境也发挥了重要作用，通过构建良好的金融市场环境，为农村合作金融的规范发展创造条件。除此之外，日本政府也重视农业保险的风险管理作用，重视农业保险发展。

五、完善的监管体系

完善的监管体系，为了保证整个合作金融系统的稳健经营，日本政府设置了多重监管方案，一方面，针对放款的机构，运用巴塞尔协议准则，作为金融机构对待，制定核心资本充足率、信用风险评估等多项要求，并且要求信息公开；另一方面，也通过非实地及实地检查相结合的方式，随时掌握农协金融部门的经营状况。非实地检查包括农协定期提交农协的财务状况、市场风险、信贷风险和流动性风险等报告，实地检查包括每年1次的常规检查。《关于存款等接受系统金融机构的检查规程》中明确规定了检查的项目，同时在行政部门认为有必要时，也可以随时抽查。基层农协由各地的都道府县负责检查事宜，信用联合会由地方农政局负责检查，农林中央金库由农水省检查部负责。

第七节　日本合作金融的挑战

随着经济的发展，农民的分化、金融领域竞争的加剧、粮食统购统销的消失，支撑农协的基础发生了变化。

第一，农民收入超过城市月薪收入者且出现了分化。综合农协主要是依赖大量的兼业农户，而从事农业生产者多以大规模农户为主，农民出现了一定的分化，在此情况下，日本政府虽然出台了诸多措施向经营大户转移，但是最初设立时是以"均等、弱小"为前提，以"一人一票"为宗旨的综合农协及其所出台的金融服务，仍然将小农作为服务对象，无法满足大规模农户的优惠需求及资金需求，不少经营大户开始脱离农协。

第二，日本于1995年消除了粮食统购制度，实施渐进式的市场改革，传统的粮食收购由各地农协完成，这也是农协与农户相联系的重要基础。2003年完全放开了粮食市场，意味着农户需要自主买卖粮食，不再依赖农协的支持，这也为农户离开农协的合作金融提供了条件，不再将存款存入农协，同时也不再依赖农协获得贷款（Norinchukin Research Institute，2017）。

第三，随着金融竞争的加剧，地方银行、地方信用金库、信用组织甚至大型的商业银行，纷纷开始进入农村市场，增加了对农户的贷款，导致农协合作金融的垄断性受到冲击，不少客户逐渐从农协脱离，将个人存款转移到商业经营机构，农协合作金融面临竞争加剧。

第八节 日本合作金融对中国的启示

一、注重合作金融在农村金融发展中的作用

日本的合作金融是建立在一系列完善的配套制度背景下的合作金融模式,有效地解决了农村金融中存在的融资难和融资贵的问题。在我国农村地区,同样存在自发形成的多种模式合作金融形式,如合作社内部资金互助等模式,这些模式通过地缘、血缘、亲缘等优势,促进社员之间相互了解,缓解信息不对称,适应农民生产生活需要、门槛低、成本少、方便快捷等天然优势,是农村金融的重要组成部分。因此,在正确认识合作金融作用的基础上,重视其存在和发展,采取各种措施加以扶持和规范,是必要的。

二、创新合作金融模式

随着日本农业和农村产业结构的变迁,合作金融的模式也一直在发生变化,合作的形式也在转型,经典的合作社模式已经不适应现有的经济社会发展水平,日本农协已经从经营目标、公司治理和监管要求等多方面向公司制靠拢,同时在现实中也有诸多的合作社转型为股份制商业公司。因此,我国在发展合作金融时也应与时俱进,不拘泥于经典合作社的条条框框,与现实相结合,支持中国本土有特色的合作金融模式创新。

三、重视政府部门在农村金融发展中的职能定位

日本合作金融的发展有赖于完善的制度背景,从顶层法律制定到具体政策的实施,具有详细的流程和规定,仅在此背景下,农协等经营主体才能有序经营,因此,我国应明确政府或政府部门农村金融发展中的角色,制定一系列与之协调的政策指引,并保持政策的稳定性。

第七章

韩国的农协及其合作金融 [1]

  韩国的合作金融早在20世纪初便出现在协同组织中，正式成立则在1958年韩国农协成立之后。韩国合作金融并不是一个独立的系统，而是嵌于韩国农协之中。

---

[1] 本章作者为何婧博士及其学生姜梦雪。

第一节　发展历程

由于韩国的合作金融是以韩国农协为载体，因此韩国农协合作金融事业的发展依托于韩国农协环境的不断变迁。本部分梳理了韩国合作金融的发展历程。

一、韩国合作金融"前史"阶段（1948 年以前）

韩国是典型的小农户国家，具有人多地少的特点，因而拥有悠久的合作经济历史。追溯至公元前 30 年，韩国便因劳动力和资金的需要而成立很多互助组织，包括但不限于"契""乡约"等，这便是韩国早期合作组织的雏形。1907—1948 年是日本占领韩国的时期，韩国仿照日本农村经营模式，分别在 1907 年和 1926 年成立金融和产业组合，该组合由地方政府颁发许可，同时由国库补贴经营亏空。金融协会模仿德国农村信贷联盟的模式和原则，以帮助小农为宗旨，不断发展扩大，成为金融股份公司，又于 1957 年进行重组，成立农业银行。但金融协会受日本政府的干预较大，资金分配很不均衡，远远达不到农民自愿的要求。

二、韩国合作金融的基础时期（1948—1973 年）

1948 年韩国独立后，通过进行"农地改革"，不断实现耕者有其田。但由于韩国是小农户国家，每家拥有的土地面积很小，而农民主要收入来源于农耕，因而农户面临巨大的资金压力，而当时金融市场拥有较高的通货膨胀率，借款成本极高，鉴于此，韩国政府主张成立韩国农协组织，发挥金融服务功能。

1948—1973 年，是韩国农协以及合作金融体系从设计到完成体系建构的基础时期。该时期又细分为政策争论期和政策落地期。

1948—1961 年，韩国确立了农协方向。政府部门在是否设立综合农协上具有不同意见。财政部提出专业农协方案，韩国农林部提出综合农协方案，但两方案都同意在农协的基础上设立农业银行。1957 年，韩国通过了两个独立法案，一是农业银行，二是专业农协的《农业协同组合法》。1957 年农业银行成立，1958 年韩国第一个全国性的农协组织即全国农协中央会依法成立，主要负责农资的供应和销售。但是，法律实施后发现专业农协的资金来源主要依赖政府，而农业银行主要以自身经营利润最大化为目标，极少对农协组织给予支持。

1961 年，韩国重立《农业协同组合法》，将农业银行并入农协中央会，并将其资产确认为农协全体成员的共同财产，并加以法律确认。农协中央会在《农协法》的授权下，陆续开展各种金融业务，成为当时十分重要的金融机构。农协中央会在当时兼营了信用和经济业务，成为综合农协，具有 3 层结构协。农协中央会是上层，郡市农协是中层，基层的地域农协是下层。1961 年，韩国农协的基层组织全部设在里洞（村），共 21 042 个，每个组合平均 82 人。与此同时农业银行将城市金融中的收益反哺给农村金融事业部，乡村的农协事业发展有了资本，发展迅猛。但此时农协的金融业务主要是由并入农协的农业银行开展的商业金融业务，合作金融并未发展。

直至 1969 年，合作金融逐渐发展。由于当时民间借款的盛行，韩国政府期望将私人贷款公开透明化，出台了《信用协作组合法》《短期金融法》和《合作信用社法》三大法案，与之对应，农协成员内部的借款也开始实行公开化的过程，韩国中央会合作金融业务示范工程率先在 150 家基层农协开始试点，这些基层农协都具有借贷基础，成员可以将存款存入基层农协，资金需要者也可以在综合农协获得贷款。综合农协发展迅速，到 1973 年，在邑、面（乡镇）设立了 1 549 个综合性协同组合，每个组合的成员扩大了近 145 倍，达 1 331 名，合作金融业务得以大规模建立，这也为邑、面（乡镇）农协发展为综合性农民合作组织奠定了基础。

三、韩国农协进入组织改编及事业成长的阶段（1974—1988 年）

1976 年合作金融在全国所有基层农协推开。政府不仅将肥料、农药、农机等，甚至将农业政策的各项资金等银行类中间事物悉数移交给农协中的基层合作金融信用部负责，韩国合作金融进入大发展时代。

同时，农协的组织结构也发生了改变。早期的农协分为三层，但随着经济的发展，出现基层农协与市郡农协业务重复率越来越高的情况，于是在1980年，农协中央会决定，将市郡农协编入中央会市郡，以降低农协的运作成本，提高合作金融效率，从而形成了基层农协和中央会两层结构，而合作金融部门也相应地分成了基层农协信用部和中央会合作金融部。

四、合作金融民主化和调整阶段（1989—2010 年）

在政治改革时期，韩国的民主化趋势也影响了农协。1988年，《农协法》修正，主张农协进行民主化和自律经营。中央会会长和基层农协组合长从会员代表中直接选举，不再由政府安排。法律同时规定，中央会不必须向政府上报收支预算和事业计划，基层农协也不必须受当地政府管辖。农协在这一时期，充分应对市场的开放，扩充了事业的范围，专业组合也可兼营信用等事业，同时，凡是在本地居住人员，都可以自主申请加入农协。给合作金融提供了更多的发展机会。

同时，随着亚洲金融危机的冲击，2001年设立了合作金融存款者保护基金以更好地保护会员的权益。截至2010年底，韩国农协有1 171个基层组合，代表了2 447 765个农民组合员，几乎覆盖了全体农民。

五、合作金融差异化战略改革（从 2011 年至今）

面对农协信用事业安于现状、其他各类组合竞相发展、农协内部组织效率低下的情况，韩国农协进一步对合作金融业务进行大规模改革。2012年3月2日，韩国农协成立50周年，在此时间节点上，农协调整了战略规划：中央会保留合作金融部分，将农协银行剥离出去，将其设置为独立的商业银行，进而能够更加重视农协的社会事业和经济事业，以便能够更好地为农民服务。

其中，农协银行成为商业银行，保留 NH 标识。在股权结构上，农协中央会享有控股地位。在高达15万亿韩币的资本金中，中央会出资10万亿，政府出资5万亿。农协中央会除了每年收到分红之外，还可以享受农协银行提交的品牌使用费。

保留在农协的合作金融部分主要是指基层的"合作金融"体系。基层农协与中央会的改革不同，其信用事业没有受到任何影响，基层农协依旧保留信用部，信用部几乎涵盖了农户的所有金融服务，同时其金融机构还为非农民提供金融服务。农协信用部将吸收的一部分会员存款，发放给有资金需求的其他会员，对于剩余资金，交由中央会合作金融部管理。在韩国农村，合作金融的发展规模巨大，农协将金融事业作为其发展的中坚力量，也是主要的盈利来源，在支撑农协运作的基础上，为流通事业和社会事业供给资金。

第二节　组织体系

韩国早期的农协业务种类较为简单，主要包括肥料、农药的购买和农产品销售，由于缺少资金，无法从事经济事业。自 1957 年《农业协同组合法》的颁布和 1958 年全国农协中央会的成立，标志着韩国农村合作机制正式从法律层面完成了构建，为合作金融的产生打下了基础。1961 年，新《农协法》颁布，农协中央会并入以日据时代的金融组合为基础设立的农业银行，该国家银行成为农协的信贷部门，其资产认定为全体农协组合员的共同财产。至此，合作金融也在农协以及农民当中初步展开。

在组织体系方面，早期的农协由三层组织组成，顶层是中央会，中间是郡市农协，底层是基层的地域农协。下层的组织由中央会自上而下任命负责人，逐步创建。早期韩国农协有两万多个基层组合，每个组合平均 105 户，主要受政府委托用于供应化肥。当时里洞组合的主要业务是肥料专营，并未出现合作金融业务。1969 年后，中央会进行改革，一方面，将邑面（乡镇）层级向上合并至里洞（行政村）组合，从而完成多项政府委托业务，通过开展多项银行中间业务，提高农协的手续费收入。另一方面，鼓励支持基层农协开展新业务，通过建立信用部，引进合作金融业务以及生活用品供应体系，基层农协在此基础上有了可持续经营的条件，发展趋于稳定。此时，韩国基层农协被称为综合农协。随着基层农协与市郡农协业务重复且情况越来越严重，1981 年韩国农协进行组织架构改造，将三级管理改为二级，将市、郡（县）组合改组为中央会下派的办事机构，形成维系至今的农协中央会和基层农协两层结构，采用"一元化的综合农协经营体质"，效率提高，成本降低。而与之相对应的农协合作机制的"合作金融"则分为中央会合作金融部和基层农协信用部。农协中央会作为合作金融的"中央银行",将基层农协运用不了的资金,由中央会合作金融部运营。信用部作为基层农协的枢纽,不仅为农民提供生产资料购买、产品销售、在合作社内的分配等服务,也为非农民提供服务。农协中央会通过设立公司的形式开展经济和金融事业,共设立了21家子公司。其中4家金融子公司,4家农产品流通中心,4家农业加工公司,3家专营饲料畜产品和人参加工的制造厂,还有贸易公司、物流公司、信息公司、开发公司、农协资产管理公司和农协经济研究所。农协还将自己的经营利润一部分用于从事社会事业,既完善福利文化生活也推进农产品新技术研究和实践。

韩国农协的金融事业分为两个部分,除了以农村为中心的合作金融外,还有以城市为中心的农协银行以及它向下延伸在各地的乡镇分支机构。目前,在韩国各大银行排名中,农协银行位列第四,其无外资持股的特点,令它有"纯民族资本银行"的称号。农协是韩国唯一一个将营业场所遍布到农村和偏远地区的金融机构,同时它广泛的金融覆盖面,使得它成为代韩国政府收缴地方税的重要组织之一,95%以上地方税由农协银行收缴。在金融服务方面,农协银行与普通商业银行具有相似的特点,皆提供一站式和多样化的金融服务。但随社会发展,农协银行本着适应金融市场激烈的同业竞争的原则,于2012年3月2日,从韩国农协中央会中分离出去,成为由农协中央会控股、保留农协标识的独立银行。

由此可以看出,韩国农协实行商业金融和合作金融共同为农民服务的机制。韩国农协发展的50年历史看来,主要依靠其金融资本的盈利能力,且在全国第四大银行的强力支撑下,在盈利能力、规模发展和资金实力等方面远超中国台湾和日本农协。

随着城市化发展日趋成熟,韩国农民总人数趋于减少,农协成员也相应下降,但是为利用农协的信用事业,申请加入的准组合员不断扩大。此外,不可否认农协在韩国经济开发和国家发展过程中起到了巨大作用,但是,在经营过程中也产生相应问题,如农协的理论研究滞后于实践发展;过分依赖于政府的统筹安排而加重了农民完全依靠政府的思想;农村劳动力缺失逐渐严重;对农业结构调整、农业新技术发展等未采取有效解决措施等。

第三节 经营范围

尽管农协组织开展了很多业务活动，包括农产品销售、农业技术指导和生产资料供给等，但占据其主要位置的始终是信贷业务，这成为政府借以实现农村发展战略规划的一条途径。所以，全方位多层次的合作金融体系为成员提供了全面的金融服务。

一、资金来源

韩国合作金融除了少量的股金外，主要资金来源有如下几个方面。

（1）吸收公共存款。1977年，邮政储蓄体系纳入农协，在此之前由邮政部门管理。如此一来，城市方面，农协中央会可以吸收城市居民和其他单位的存款。农村方面，基层农协可以大量吸收农民的存款。

（2）向政府和中央银行贷款。农协作为中间方，一方面享受政府和中央提供的优惠贷款利率，另一方面，能够向农民提供低成本的资金贷款。

（3）发行债券。农协可以通过发行在已收资本的20倍以内的由政府担保的农业信贷债券，在金融市场上筹措资金。

（4）其他金融机构贷款和外国贷款，主要是政府、中央银行和海内外金融机构的贷款。

二、资金运用

农协合作金融部门将经营金融业所筹集的资金和收益以及通过各种资金来源收集的资金用于支援农业生产指导事业、农畜、产品流通事业、为低收入及地信用的农民提供金融服务等。

韩国农协在资金运转方面，主要通过向一部分具有资金盈余的会员收集资金，并将其通过信贷部向具有资金需求的农民社员以低于其他商业贷款的利率进行放贷，从而满足农户生产需要，同时，也会将一部分资金用于农业及农业相关项目，为其提供资金支持。这样一来，能够达到提高农业成产力，改善农业生产结构，促进国家经济发展的目的。

三、农业政策贷款

在韩国，农协及其成员合作社构成了农业政策性贷款以及其他政策性贷款的主渠道。基层农协与农民有着千丝万缕的联系，通过基层农协开展政策性金融工作，要比借助其他基层机构效果更好。因此，政府与农协达成合作共识，相互辅助，做好政策性资金运作。政府承担规划和监督的工作，运营和管理则由农协完成。例如，在政策资金发放对象的审查方面，过去由政府完成，缺少效率。改交给农协管理之后，借其与农户广泛联系之特点，充分审查发放对象，提高了效率的同时也降低了风险性。农协还可以为政府提供资金支持，由于近几年农村收入呈现正增长趋势，其盈余资金可以在政府采取贴息和担保等方式的前提下，完成政策性金融业务。对符合政策资金支持的对象，农协利用自有资金，按政策资金的利率提供贷款，利差部分由政府贴补。政府的信用保证基金为贷款提供担保，保证农协贷出的资金风险可控。目前政府在农村的政策性金融，有60%是用农协的资金实现的。

四、信用与银行业务

在银行与信用方面，韩国农协专门开辟了信用与银行业务，而合作保险业务则是其重要领域之一，主要面向农户成员和客户。此外，信用部成立了专门的担保基金，主要为有资金需求但无抵押品的农渔业农户提供信用担保。

五、全方位服务

除以上几种主要业务外，基层农协还为农民提供生产投入、生产资料购买、产品销售、收入分配等全方位的合作金融服务。基层农协保留信用部，作为各项服务的枢纽，以便提高服务效率。基层农协的流通事业几乎没有盈利，推广事业几乎都是免费的，只有依托金融业务，才能运作。

第四节　风险控制

随着农协的不断发展，农协合作金融的风险控制体系日趋完善。

首先，韩国建立了比较完善的存款保障险制度，促使存款类金融机构优胜劣汰的同时报证储户的基本权益。20 世纪 90 年代，韩国面临金融危机，很多企业都濒临破产倒闭，针对此现象，韩国农协合作金融建立了存款人的保护制度，即当农协组合出现破产情况时，存款人可以利用保护制度里面的保险来避免损失风险。2001 年，韩国出台了改善农协事业的相关法律，设立了合作金融存款者保护基金，以适时纠错措施改善基层农协的事业和组织结构。

其次，2000 年之后，韩国农协为方便信息传递，建立了合作金融领域中的早期情报系统，其中包含 4000 余个基层农协组合。该系统能够在组合出现问题时，第一时间获取信息并作出决策，进行人员合并或重组，从了降低了农协的系统性风险。与此同时，农协引进了 CSS 顾客信用评级系统，通过身份认证识别，从而获得个人的信用评级、可借款额度以及借款利息等。农协中央会受监督委员会委托，每年至少进行一次自我管理和监督，进一步推动了合作金融领域内部监管体系的发展。

第五节　保证措施

韩国农协在短时间内发展如此迅速与韩国政府自上而下的组织开展方式以及对制度方面的保障是分不开的。

一、政府政策支持

政府对农协发展提供各方面支持。20 世纪 60—80 年代，韩国政府资金实力较弱，于是通过政策支持，主张农协利用金融市场的功能及资金进行自我发展。比如，当时金融市场上外资利率较低，政府通过为农协提供信用担保，帮助农协引进外国资金，发展合作金融。在国内资金市场上，面对较高的商业利率，政府通过贴息的方式支持农协的发展。韩国农协合作金融事业不断发展，在 1981 年和 1982 年存款实现了 1 兆韩元，初见成效。在此基础上，韩国政府逐渐将更多业务转移至合作金融领域，包括发行支票、汇款和收钱等，这些业务的开展有助于农协进行资金上的汇集，使得资金规模不断扩大。在政府的引导下，韩国农协存款逐渐增加。不仅如此，政府还为合作金融事业提供利率政策和税收优惠政策。在利率方面，其储蓄年息比一般银行高 2%~3%，保障了合作金融事业的资金来源。在税收方面，政府还采取多种优惠的税收政策支持来农协的产品销售。如大米销售产生的物流费，泡菜销售产生的快递和设施改善费，政府均给予支持。此外，农协中央会的农业税和附加金依法免税，政府还减收农民的财产税、农特税、地契税、教育税；农协办的超市，在符合农协宗旨条件下，则百分百免税；农协的制造企业全免税。此外，政府还制定一系列措施，旨在鼓励农户和企业将盈余收入存于农协，如此一来便增加了农协的资金存储。

韩国农协的发展离不开政府的指导和支持，政府的指导使得农协始终保持正确的发展方向，坚持取之于农，用之于农的发展理念；政府的支持则使得合作金融的开展更加便利，业务发展范围逐渐扩大，资金来源逐渐稳定，为可持续发展打下基础。

二、完备的法律制度

韩国农村合作金融领域制定了健全的法律法规，明确规定了监管单位，通过立法体系保障合作金融经营稳健，这使得基层农协信用部有序、合法地吸收本地农民存款，农民对基层农协也有信任感，这是开展合作金融服务的基础。

伴随着《农协法》不断修订完善，合作金融事业的改革进程也不断推动着层层递进，逐渐向正规化、民主化和多样化发展。法律不仅确定了合作金融的合理地位，更在赋予其权利的同时，对其资金运用提出了相应限制，使得合作金融事业在法律的约束下健康、规范地发展。

从韩国农协的发展历程来看，韩国《农协法》于 1961 年、1980 年、1994 年、1999 年、2004 年进行过较大的修改，合作金融则在《农协法》的修改下进行变动。《农协法》对合作金融的性质及应遵循的准则、资金来源与运作、各个层级的权利及业务范围、政府对合作金融的指导与监督以及对违反法律规定行为的罚则都进行了明确的规定，使得合作金融部门在开展相关活动时有法可依。

三、完善的组织结构与服务体系

现代企业理论认为，企业组织架构设计的根本出发点是为了节约交易成本，组织结构必须不断适应外界环境的变化，通过积极的组织变革来提高灵活性和适应能力，降低交易成本。韩国农协在其近 50 年的发展过程中，根据内外部情况的变化，不断对自身组织架构进行调整，合作金融也随之相应调整，从而提高了应对环境变化的能力，促进了组织的发展壮大。

相比之前农协的三级体系，当前的两级体系使农协运作成本降低成为可能，并增加了与之合作企业的效率。

除了组织体系的调整之外，农协还对内部业务架构进行调整，其中最重要的变化是金融和非金融部门的分离。在 NACF 成立后的很长一段时间里，金融部门与非金融部门共同纳入统一的经营体系，两者之间不存在明确区分，由此产生了内部核算不清、经营自主权有限等一系列问题。针对上述问题，农协根据 1994 年颁布的新《农协法》，将其金融部门与非金融部门进行明确分离，在联盟内建立两个分离的总部，两个总部都是独立核算，资金和人员都相互独立。明确分离使得金融部门可以更加努力地以客户为导向，为农民和其他客户提供现代的金融服务，而非金融部门则可以集中精力为农业服务。近年来，韩国农协根据业务发展需求在全国范围内的分支机构启动了流程再造（Business Process Reengineering，BPR），以进一步提高其组织体系的响应能力，不断优化治理结构，提高科学决策水平。

四、金融服务的现代化保障

1990 年后，随着互联网领域的不断发展，韩国农协的发展方向也从线下逐渐转移到线上领域。韩国农协在互联网设备及技术方面进行了大规模投资，包括但不限于手机银行、网上银行等领域，从而保证韩国农协能够紧跟时代发展，为与其他金融机构合作提供先进、有力的帮助。

五、人才培养

除以上几点外韩国农协还注重人才方面的培养，定期对工作人员进行业务培训，为庞大的金融事业提供更多专职工作人员。

第八章

国际合作金融的最新发展与立法借鉴 [①]

　　有许多合作银行，堪称金融界的百岁老翁，经历过战争、经济和金融危机的考验，而在这次国际金融危机之后，在互联网时代的冲击下，合作银行表现如何？与商业银行相比，是弱之还是强之？TIAS 学校（Tilburg Institute for Advanced Studies，蒂尔堡商学院）做了一个很好的研究，得出了一些让人吃惊的结论。

　　① 本章作者为汪小亚博士。特别感谢工行阿姆斯特丹分行；还感谢王德利同学在图表上和张哲昊同学在翻译上提供帮助和支持。

第一节　国际合作金融的最新发展 [1]

一、样本和数据的说明

该研究是在欧洲合作银行协会（European Association of Co-operative Banks，EACB）支持下完成的，EACB 自 1970 年成立，有 28 个成员机构 [2]。

该研究有几个特点：（1）采用了最新数据，截至 2015 年。（2）着重于欧洲合作银行协会下的整个合作银行总体，而不注重单个合作银行。而 2015

---

[1]　2017 年作者以工商银行董事身份在荷兰调研时，专访了荷兰合作银行，与 Hans Groeneveld 专家交流时，他送了两本小册"Snapshot of European Co-operative Banking 2017"和"The Road Towards One Cooperative Rabobank"。本节是对前一小册的研读而成。

[2]　欧洲合作银行协会（European Association of Co-operative Banks）成员：Austria（奥地利）有（1）Fachverband der Raiffeisenbanken，瑞弗森银行协会；（2）Österreichischer Genossenschaftsverband（schulze-Delitzsch），奥地利合作社协会（舒尔茨—德利奇）；（3）Bulgaria（保加利亚）有 Central Cooperative Bank，中央合作银行；（4）Cyprus（塞浦路斯）有 Cooperative Central Bank Ltd.，中央银行合作社；（5）Finland（芬兰）有 OP Financial Group，OP 金融集团；France（法国）有（6）Confédération Nationale du Crédit Mutuel，国民互助信贷银行；（7）Fédération Nationale du Crédit Agricole，全国农业信贷联合会；（8）BPCE 银行集团；Germany（德国）有（9）Bundesverband der Deutschen Volksbanken und Raiffeisenbanken – BVR，大众银行及瑞弗森银行联合会；（10）DZ BANK AG，中央合作银行；（11）Greece（希腊）有 Association of Co-operative Banks of Greece 希腊合作银行协会；（12）Hungary（匈牙利）有 National Federation of Savings Co-operatives，全国储蓄合作社联合会；（13）Italy（意大利），Federazione Italiana delle Banche di Credito Co-operativo– Casse Rurali ed Artigiane，意大利信用合作银行联合会—农业和手工业；（14）Luxembourg（卢森堡），Banque Raiffeisen Luxembourg 瑞弗森卢森堡银行；（15）The Netherlands（荷兰），Rabobank Nederland，荷兰合作银行；（16）Poland（波兰）Krajowy Zwiazek Bankow Spoldzielczych – KZBS，全国合作银行联盟；（17）Portugal（葡萄牙）FENACAM– Federação Nacional das Caixas de Crédito Agricola Mútuo，F.C.R.L. 全国农业互助信用联合会；（18）Romania（罗马尼亚），Central Co-operatist Bank Creditco-op，中央合作银行信用合作社；（19）Slovenia（斯洛文尼亚）Deželna banka Slovenije d.d.，斯洛文尼亚区域银行；（20）Spain（西班牙），Unión Nacional de Cooperativas de Crédito，全国信用合作社联合会；（21）Banco de Crédito Cooperativo（BCC），信用合作银行。

年所有合作银行整体的平均资产负债表总额约为 4 500 亿欧元。（3）回顾了 18 家样本合作银行在欧洲 13 个国家整体发展中的表现（见附件 2 图 1 所示），特别是将合作银行的平均业绩与整个银行业的业绩相比。（4）选择了盈利能力、资本化和成本收入比等财务指标进行了对比，还选择了资产负债表和国内市场份额变动等主要业务指标进行对比。（5）该研究报告，重点在于可量化的业绩指标，但由于合作银行的业绩不能仅仅依靠定量指标或硬性数据来评估，还应该包括顾客满意度、顾客对银行利率的感知程度、提供银行网络知识的渠道、人际关系的稳定性及持续性、对环境和当地社区的感知或关注等表现，所以在软性指标上，选择一个关键的指标：成员基础的变化。

二、低利率政策的冲击下，合作银行仍呈现较好的财务和业务表现

受国际金融危机影响，21 世纪开局以来，欧洲经济虽出现了复苏迹象，仍有许多不确定性，而且外部环境对所有银行都提出了严峻挑战，不仅市场需求萎缩，而且监管要求趋严，监管成本上升，还有银行业新的进入者增多，如 FinTech 初创企业，产品和服务的数字化和虚拟化刺激了金融创新，也推动着银行转型。合作银行受外部冲击影响更大，因为合作银行在很大程度上依赖零售业务所带来的净利息收入，而复苏期，各国都实施了宽松的货币政策，这种低利率政策明显收窄了合作银行的利差水平。但与其他商业银行相比，合作银行有其独特的治理机制和商业模式，其财务指标和业务表现比受冲击相对小一些的商业银行却更胜一筹。

1. 财务指标的比较

该研究选择 3 个常用指标来评估银行财务表现：资本化、股本回报率、成本收入比。

（1）资本化，合作银行更有优势

2008 年爆发的国际金融危机表明，资本较少的银行更容易倒闭或需要国家支持。自此，提高资本的数量和质量，是国际金融组织推动金融监管改革的主要内容。

合作银行集团在国际金融危机之前和之后都得到了更好的资本化。附件 2

图 6 表明，2011 年，合作银行集团的平均一级资本比率（$Tier_{COOP}\ 1$）明显高于整个银行业（$Tier_{EBS}\ 1$）。2012 年以后，在两者同时上升的过程中两者差距有所缩小，但合作银行集团仍保持着居高优势。截至 2015 年，整个银行业的应变能力都得到进一步改善，合作银行集团和整个银行部门都将平均一级资本比率提高近 1%~14.5%。这表明，通过更高的资本缓冲、降低风险、调整投资组合，相当多的银行增加资本的安全。但值得一提的是，合作银行和其他银行的资本形成方式不同，上市银行的股权包括大量的流动股票，而合作银行则主要依靠成员股和留存利润来实现资本化。相比之下，合作银行在资本形成的数量和质量上都有一定的优势。

（2）股本回报率，合作银行受危机冲击的波动小

股本回报率（即净资产收益率）是衡量盈利能力的常用指标，它通常被定义为净收入除以权益账面价值（或资本和储备）。

附件 2 图 7 显示了 2002—2015 年合作银行（ROE_{COOP}）和国家银行业（ROE_{EBS}）的净资产收益率，这一时期包括经济繁荣、金融稳定、经济萧条和金融危机。

危机前后，合作银行集团和其他商业银行一样，都受到外部冲击，其资产收益率都呈现出周期波动的趋势，但合作银行集团的波幅，比其他商业银行小得多。究其原因，危机前，整个商业银行在高杠杆和廉价批发资金的推动下，创造了两位数的盈利增长水平；危机爆发时，这些商业银行均遭到严重打击，一些陷入困境的银行需要政府援助才能生存，甚至破产。而政府支持或救助的条件就是要迫使这些银行将商业模式转向传统的银行活动，缩减其在风险领域的活动，并减少其杠杆作用和过度依赖批发资金来源，导致这些商业银行 ROE 大幅下降。

而合作银行集团由于其独有的业务定位——以零售业务为主，零售业务通常风险较小，收入波动较轻，避免像其他银行那样大起大落。可以说，这场危机引发了许多银行重新转向零售银行业务，预计这一趋势将在今后几年继续下去。另外，由于资本充足率的要求提高，各银行的资产负债表必须包含更高质量的资本，这将改善银行的吸收损失能力，也会抑制净资产收益率。总之，在整个样本中，合作银行的平均 ROE（7.2）超过其他银行业的平均 ROE（6.9），

特别是 2008 年以来，合作银行的 ROE 已全面高于其他银行业的。

（3）成本收入比，合作银行可以通过合理化调整而更有效率

成本收入比（CI）是银行效率的代名词，其定义为净业务成本除以净营业收入。高 CI 比表示低效率，反之亦然。也许，大家会认为合作银行的成本收入比高，因为其维护相当密集的分支网络是非常昂贵的。实际上，经过危机冲击后，各国银行都进行了结构调整，在结构调整之前，合作银行集团和其他银行业的成本收入比较高在 62%~65%，而经过结构调整之后，两类机构的成本收入比都有所下降，在 62% 以下。特别是 2014 年，合作银行集团成本收入比大幅下降至 60% 以下，低于其他银行近 2 个百分点，显示出合作社银行比其他银行的运作效率更高。

2. 业务发展的比较

（1）资产负债表，合作银行波动较温和

附件 2 表 1 所示，2012—2015 年，合作银行和其他银行的资产负债表都明显受到周期性和结构性因素的影响。2012 年，合作银行的总资产（TA_{COOP}）继续呈现温和增长 1.3% 左右，而其他银行业的资产（TA_{EBS}）萎缩 0.7 个百分点。2013 年，合作银行的总资产也有所降低，但这种下降与银行业的总资产暴跌约 9.5 个百分点相比，是相当温和的，后者的变化是一些国家进行银行重组以及对经营模式反思的结果。2014 年，各类银行资产增长迅速恢复，合作银行的总资产增长了 5.3 个百分点，而银行业的总资产飙升 8.8 个百分点。2015 年，合作银行总资产保持不变，而其他银行业总资产减少了近 2 个百分点。总之，在 2012—2015 年，合作银行的资产波动比其他银行要缓和多了。这一点充分表明合作银行的不同行为和商业模式能较好地抵御外部冲击而保持较平稳发展。

（2）国内市场份额，合作银行非减反增

国际金融危机后，现存的金融机构在重新调整战略布局，新的市场进入者也参与竞争，整个银行业市场份额出现新的分布。而 5 年来的基础数据表明（附件 2 表 2），每个合作银行的国内市场份额非减反增，占据了本国零售银行市场的 1/5。自 2011 年以来，合作银行在零售贷款和零售存款方面的平均国内市

场份额分别增加了 1.1 和 0.5。由于竞争压力增大，合作银行为控成本和去杠杆，不得不关闭一些地区分行和减少网点，自 2011 年以来，合作银行关闭了约 3.5% 的分行。但是与其他非合作银行相比，合作银行是以比较温和的速度减少其在当地的有形存在，其他银行则减少幅度更大，减少了近 11% 的银行网点。合作银行之所以温和的减速，是因为合作银行有特定的企业导向和分销理念，合作银行与会员和客户的密切关系被视为维持和加强与当地社区密切联系的必要条件。

三、合作银行呈现出较好表现的内在原因

1. "感知成员价值"

其实，各国在危机恢复过程中实施的宽松货币政策，对合作银行有更大冲击。因为合作银行的零售业务占比高，超扩张性货币政策导致零售银行业务利息收入下降，而这种低利率政策甚至会危及零售银行业务和合作银行的生存能力。

合作银行之所以能抵御低利率的冲击，是其成员价值带来了业务机会和市场份额。合作银行的成员增长一直在超越人口增长，在这次报告的欧洲国家中，几乎每 5 个居民中就有 1 个是合作银行的成员。如果合作银行信任度和满意度低的话，客户就不会愿意成为本地合作银行的成员。而正是这高信任度和满意度，才使银行客户变为银行成员，而银行成员又成为银行忠实客户。成员数量的增加可能是由于无数的因素：财务效益、无形的优势、品牌亲和力、产品和服务的满意度、社会目标、合作捐款，等等。事实上，这一切都是关于"感知成员价值"的。

自 1997 年以来的成员数量和成员人口比率保持上升趋势。合作银行的会员人数平均每年增长 2%，会员总数从 1997 年的 5 500 万人增加到 2015 年的近 8 000 万人。会员人口比例为 19.2，相当于 5 个人中一个是合作银行成员。2015 年，欧洲合作银行欢迎 160 万个新成员。另外，现在，大多数合作银行也为大量的非成员服务。

随着欧洲合作银行长期会员的增长，在过去的 5 年时间里，平均国内贷款

市场份额上升了 1.1 个百分点，上升至 22.3%；存款市场份额上升了 0.5 个百分点，上升至 21.9%。

2. "双重底线"组织

合作银行是"双重底线"组织。首先，具有历史悠久的合作银行，有着共同的基本原则，就是以成员服务为主要目标，会员是自愿的，向本地或地区合作银行的客户开放，成员与合作银行有多重关系，即业主、客户、主管和利益相关者（社区成员），这种以成员为中心的组织形式是其他银行不能复制的。其次，合作银行一直拥有利润不是合作银行的最终目标，而是积累资本、吸收冲击、投资和创新的手段；为实现其成员的社会目标，也需要利润。换言之，为成员做好服务和获得必要利润是合作银行的"双重底线"。

3. 致力于当地服务

合作银行在分散的附属银行网络（同一品牌下）运作，主要由留存收益、会员股和零售存款在当地筹集资金，它们致力于当地服务，并对当地成员负责。在大多数情况下，地方/区域合作的地方银行集体设立一个集团性实体，即协会、合作社或公司，在内部，他们建立了体制框架和团结机制，如机构保护计划，以维持其结构稳定。合作银行的分支机构数量相对庞大，但这并没有造成结构性的高成本收入比（CI 比）；相反，自 2011 年以来，他们的平均效率水平和整个银行业的水平相比高低交替。自 2011 年以来，合作银行关闭了约 3.5% 的分行，而其他银行则减少了近 11% 的银行网点。我们认为，这种差异可以部分地解释为合作银行特定的企业导向和分销理念，与会员和客户的密切关系被视为维持和加强与当地社区密切联系的必要条件。与此同时，合作银行在减少分行网点之时，分行的市场份额上升了 2.3 个百分点，达 31.5%，这源于所有其他银行关闭了更多分行，合作银行的分支网络密度体现了它们对当地社区会员和客户的"亲密度"的强调。

四、两点启示

研读《2017 年欧洲合作银行概述》这本小册，让我得到以下两点启示：

一是金融的本质不是工具而是服务。在商业化、数字化、虚拟化的今天，合作银行还富有较强的活力，其根源于"来自成员且服务于成员"这种理念和机制，让它的客户基础厚实。而获得客户就等于赢得市场，或许合作银行最真实体现出金融的本质：金融不是工具而是服务。

二是监管机构应鼓励多元化。在欧洲金融市场上一直并存着商业银行和合作银行这两种不同金融形态，历史证明，一个万花筒般的银行业能有效地降低激烈市场竞争所产生的共振风险，银行业过于统一，使银行业容易受到同样方式和同样程度的冲击，即系统稳定性受到破坏。银行业的生物多样性也是维护金融稳定的重要力量，政策制定者和监管者应避免采取最终导致商业模式、治理结构和银行规模强劲趋同的措施，因为银行业的多样性很容易被破坏，而一旦破坏很难再生。多样化是良好的金融生态。

第二节　国外农村合作金融立法的借鉴与启示

一、德国的合作金融体系与立法

德国是合作金融发展模式的鼻祖，也是世界合作金融组织的发源地。德国合作金融的发展历史可追溯到 19 世纪中叶，至今已经走过一百五十多年的发展历程。德国合作金融从创立到发展、从初级到高级、从变革到完善，百年演变为世界合作金融模式研究提供了一个很好的蓝本。

1. "地方—中央"的两级法人模式

德国的合作金融发展模式已日臻完善，形成遍布城乡的合作金融组织网络和健全的合作金融管理体制，它既是当前德国金融体系中的一个重要组成部分，也成为欧洲最大的合作银行体系。目前德国合作金融银行共拥有地方合作银行1 101 家，中央级合作银行 2 家，营业网点 13 211 家，员工 17.3 万余人，以及3 000 多万客户。

德国合作银行有两层组织结构。第一层，即底层的地方性基层信用合作社（也叫"地方合作银行"），按照《合作法》组建。资本金主要来自农户、小农场主、银行雇员、自由职业者以及社会援助。第二层，是中央级合作银行，即德国中央合作银行，该中央合作银行也是由德国中央合作银行（DZ Bank AG）（不包括莱茵及威斯特法伦地区）和西德中央合作（WGZ Bank AG）银行合并而成。德国中央合作银行在德国合作金融体系中占主导地位。

德国各级信用合作组织和合作银行都是具有独立法人资格的金融机构，上下两级合作银行之间无隶属关系，只是经济上的联合，实行自下而上入股、自上而下服务，形成强大的合作银行系统。1 101 家地方银行由农民、城市居民、个体私营企业和其他中小企业入股组成，持股会员既是主人也是客户；两家中央合作银行 （DZ Bank 和 WGZ Bank）由地方合作银行入股组成，德国中央合作银行由地方合作银行持股 90% 左右。

2. 德国合作金融持续发展和不断完善的保障机制

在 2008 年全球金融危机中，德国的合作银行体系与其他商业银行相比，不仅未受到冲击，反而得到很大的发展，如 2012 年德国的合作银行体系信贷业务和储蓄业务分别增长了 4.5% 和 3.4%。这些都得益于合作银行体系独特的股权结构、经营策略和救助机制。目前在标准普尔和惠誉信用评级中，德国全国合作银行联盟的等级分别为 AA– 级和 A+ 级。

一是坚持合作制原则。 德国合作银行创立之初的经营理念即不以盈利为目的，主要为会员提供金融服务，这一理念一直延续至今。一百多年来，尽管德国的经济体制和银行体制都发生了很大的变化，但合作银行始终坚持合作制原则和为成员服务的宗旨。合作银行的成员，就是合作制银行的主要客户，合作银行的业务即紧紧围绕客户的需要开展。根据 Oliver Wyman 2008 年的一项研究表明，合作银行的一大特点便是其与客户的紧密联系。研究指出，合作银行高度密集的分行数量使每家分行服务的绝对客户数很少，这也使他们有更多的时间和精力来为自己的客户服务。因此每家合作银行能够根据每个客户的自身特点，从而为每个客户量身打造金融服务方案。与此同时，处于合作银行体系顶端的德国中央合作银行，在经过一系列的联合与合作之后，也把推动合作体系的健康发展作为自己的主要任务。尽管，德国合作银行拥有与其他商业银行同等甚至更强的竞争地位，这种中央合作银行与地区成员行联系紧密并旨在促进成员行稳健发展的德国合作金融机制，已成为成熟的商业模式，也被证明是成功的模式。德国合作金融对本国经济乃至对欧洲经济都发挥着重要的作用。

二是建立促进合作金融发展的法律保障机制。德国合作社（包括德国农业合作社）历经百年，其发生、发展、变化和调整都是一直在明确的法律基础之上的。早在 1867 年，普鲁士通过了《关于经营和经济合作社合法地位法》，以法律形式确立了农村信用合作社的合法地位，该法后来成为全德意志帝国制定的第一部合作社法律。赖夫艾森信用合作社从发展成立之初到后期成熟壮大，都是在当时法规政策允许以及鼓励支持的范围内。德国的合作社法先后经历数十次修改，但其基本框架保持不变。德国的合作社法将信贷合作社和其他生产、销售、消费等各种类型的合作社都列入合作社法的规范对象，规定其享有独立法人地位，与其他经济组织处于同等的竞争主体地位。现在，德国的合作社法是与公司法同等重要的主体法，也是德国法律体系中一项不可或缺的基本法。该法具有综合性、不分行业地规范和调整各种不同类型合作社组织经济行为的特点。最新的《德国经营及经济合作社法》对合作社的法人地位、法律责任、社员出资、组织治理、盈余分配、法定审计、解散清算诸多问题做出了更为详尽的规定，进一步促进了合作社的发展。总之，德国完备的合作社法对德国合作社的发展起到了积极的促进作用。

三是形成独特的风险防范机制。德国合作银行体系建立了有效的风险管理机制，这包括建立信贷保证（风险）基金制度、健全资金融通和资金清算系统、严格贷款发放审查审批制度、坚持稳健经营理念等。另外，德国还对合作银行体系创建双重而有效的监管体系，一方面，德国金融监管当局对合作金融系统实行"整体＋无差别"监管；另一方面，合作银行的主要监督机构是地区合作审计协会。

四是实施了有利于农业合作社发展的财政信贷支持政策。德国政府通过财政补贴、信贷支持和其他一些优惠政策来扶持农业合作社的稳健发展。（1）财政方面。德国政府对农业合作社的发展采取财政支持政策，比如，对新成立的农业合作社 5 年内可享受创业资助，包括人工费用、办公设备和咨询费，最初资助比例为 60%，然后逐年减少；7 年内可享受投资资助，如对于采购、加工、销售、仓储、包装等经营性投资，资助额最高为投资总额的 35%，但不超过其销售收入的 3%。（2）信贷方面。德国政府对农业企业实施特殊性的信贷管理政策，支持信贷合作社向农民提供低息贷款。（3）其他优惠政策。政府对合作社用税后利润进行投资的部分免征所得税、进行谷物仓储设施建设的给予一定财政资助、合作社享受免交营业税待遇、为农业企业提供咨询等。

二、荷兰的合作金融体系与保障机制

荷兰，是一个"海边的小国"，却是世界上经济最发达的国家之一。与欧盟 12 个成员国相比，荷兰人均耕地最少，但荷兰自 1989 年以来一直是世界第三大农产品出口国，仅次于美国和法国。合作金融为促进农业生产发挥了重要作用。荷兰合作金融自 1896 年从德国引入，经历了 100 多年的发展，现在荷兰合作银行（RABOBANK）的资产总额和净利润是德国中央合作银行的两倍多，在全球 500 强企业中排第 314 位，在德国中央合作银行之前。荷兰合作银行的风险承受能力更高，穆迪和标准普尔等评级机构对荷兰合作银行的评级经常比德国合作银行更高。

1. 荷兰的农业合作社

与德国农业所不同的是，荷兰的农业生产多以家庭为主的大农场经营，很少有大型的工业化企业集团农场，其生产规模较小，市场竞争力弱，这种弱小局面反而促使农户自发地结合起来，建立互助互惠的经济合作组织。荷兰农业合作社大体上可分为信用合作社、供应合作社、农产品加工合作社、销售合作社、服务合作社等。农业合作社均具有独立的法人地位，每个合作社都有自己的章程，确定合作社的名称、成员来源、组织形式、行为准则和责权利关系等。农业合作社具有很强的独立性和自主性，不受政府的干预。在荷兰农业发展历史上，农业合作社发挥了巨大作用。在供应行业中，合作社在化肥和精饲料市场的占有比例为 52%。在销售和加工行业中，农业合作社占有相当大的市场比例，例如，牛奶占 82%、蔬菜占 70%，花卉占 95%、甜菜占 63%、马铃薯达到

100%。此外，在荷兰农民收入中，至少60%是通过合作社取得的。

2. 荷兰合作银行的运作模式

荷兰合作银行于1973年由荷兰数家农村信用社合并而成，主要从事农业、农业机械和食品工业等行业的金融交易。荷兰合作银行由总行和141个有独立法人资格的地方合作银行组成。荷兰合作银行（含地方合作银行）是荷兰的第2大银行，目前有大约5.94万名员工，在48个国家有约10万个客户。荷兰合作银行的组织结构为地方成员行和中央合作银行两级法人。其管理模式是"下控上、上管下、下下交叉担保"。地方成员行自下而上控股中央合作银行。而中央合作银行除了承担为地方合作银行提供资金调度、系统内清算、产品开发以及证券、保险、租赁、国际业务等金融服务外，还负责对地方合作银行的审计和绩效评价等管理工作。

3. 荷兰合作银行的合作原则

荷兰合作银行的合作原则体现在地方合作银行的社员，按照一人一票的投票权，自由选择所在成员行的董事会和监事会。由成员和企业客户代表组成的执行监事会，负责本行的经营决策。由合作行社所有的员"普选"一个监事会。合作金融与商业银行最本质的区别是按人投票还是按资投票？是以服务社员利益为第一目标还是以企业盈利为第一目标？各地荷兰合作银行作为一个独立法人，按照一人一票的投票权，践行了合作原则。

4. "社区银行"是实现合作原则的重要保障机制

荷兰的地方合作银行以"社区银行"为特点，只要信用记录良好和无犯罪记录的社区居民都可以申请成为当地合作银行的成员；各地方合作银行的经营目标为成员利益最大化，所获得的利润不进行分红，除一部分作为留存收益外，都用于支持社区发展。这种"社区银行"特点是实现合作原则的重要保障机制。

三、美国的农村金融体系与立法

美国的城乡经济高度市场化一体化，其农村金融概念不是地域范畴，而主要是指对农业和农户的金融。农村金融体系主要是以为农户提供合作金融，辅之以政策金融为保障、商业金融为补充。其农业金融法律制度体系以联邦成文的《农业信贷法》和《农作物保险法》为主干。

1. 美国以立法形式推动合作金融体系建立

早在 20 世纪初期美国以立法形式推动合作金融体系建立。美国于 1916 年开始制定一系列农贷法律，由美国政府主导设立农贷专业银行及其基层机构组成信贷系统。主要目的是允许国家对农业相关组织、农业发展项目放贷，扩大农业可用资金的来源，增加农民收入。这成为美国农村合作金融的起点。

美国合作金融体系由联邦土地银行、联邦中期信贷银行和合作银行三大机构及其全国性地方分支机构所组成的功能互补、网络发达、区域独立、监管统一的农业信贷供给体系。（1）联邦土地银行（Federal land Banks）根据 1916 年《农业信贷法》设立，同时还成立了国家农地协会（The National Farm Land Associations），及其全国性经营网络。联邦土地银行初期资本金由联邦财政部购买该行股票来提供，成立 30 年后，该行将政府股本全部归还给政府。但联邦土地银行一直归全体合作社所有，是合作金融性质的农业信贷机构，主要为农业生产者提供长期不动产抵押贷款。（2）联邦中期信贷银行（Federal Intermediate Credit Banks）依据 1923 年修改后的《农业信贷法》成立，下设生产信贷合作社和农村办事处等，主要为农场主提供动产抵押的中短期农业贷款，但它不直接向农场主放款，而作为批发机构，向生产信贷合作社提供资金，从而间接向农场主放贷。（3）合作银行是根据 1933 年《农业信贷法》修改版而成立的又一合作金融系统，它由 13 家农村合作银行构成，全国 12 个农业信贷区各设一家，外加 1 个中央合作银行。每家合作银行都是独立经营主体。中央合作银行是联邦土地银行和联邦中期信贷银行两大系统中所没有的机构设置，主要为各农贷区合作银行提供资金，办理清算，参与大型贷款和设备贷款等金融服务。

美国农村合作金融的监管体系是由联邦政府独立机构——农业信贷管理局领导和监管，制定政策的机构是联邦农业信贷委员会，由 13 名成员组成。其中 12 名成员代表来自 12 个农业信贷区，由总统任命。另 1 名由农业部部长任命。每个农业信贷区也各有一个农业信贷委员会。

2. 美国完备的法律体系保证了农村合作金融依法运营

美国农村金融的运作具备了完备的法律体系，即有专门的法律，比如《联邦农业贷款法案》《农业信用法案》等，更多的是把农业金融的运作融合到其他的相关法律体系中，从而使农村金融运作有章可循、有法可依，避免了行政干预和领导人更换等造成的不规范、不合理现象。

美国农村合作金融体系的制度安排是由联邦土地银行、联邦中期信贷银行和合作银行所共有的几大特点：一是其所有权归各自全体合作社所有。二是其设立初期联邦政府都以参股方式出资设立，条件成熟后，政府通过立法使政府资本退出。三是两种股权结构，一种股票有投票权，由会员认股；另一种股票没有投票权只有参与分红权，即参与证，以便更多地吸收会员以外的社会资金，但不改变合作社所拥有的合作性质。四是贷款对象主要是其合作社成员，利率略低于其他农业贷款机构。同时政府减免一些税负，以降低经营成本。

四、日本合作金融体系与立法

日本农村金融体系中以合作金融为主体、政策金融为辅助、商业金融为补充，这种格局与美国相似，但日本与美国的自然条件迥然不同，美国人少地多，日本人多地少。两国农业劳动力总数大致相当，200多万人，美日农业劳动人口占全国总人口比例分别为2%和3.4%，但美国以家庭农场为主，全国有211万个农场，平均规模为443英亩；日本平均农场耕地面积仅为4.5英亩。这说明在分散的小农户与规模经营的大农场的基础上都能推行合作金融制度。

1. 日本农村合作金融体系的几大特征

日本农村合作金融主要由农协（JA）提供，主要包括三个层次，即基层农协中的食用合作组织（市町村一级，直接与农户发生信贷关系）、都道府县的信用联合社（都道府县一级，在全县范围内进行资金结算和调节）、中央金库和全国农渔林业信用联社（全国级，在全国范围内进行资金融通和调剂）。

日本农村合作金融体系有几大特征：（1）从农协发展历程看，法律制度建设贯彻始终，1947年日本政府颁布了《农业协同组合法》《农协会并助成法》《农业协同组合财务处理基准令》《关于农业协同组织监查士选任资格》等12个附属法令，形成了一个规范农协发展的专门法律体系。日本是法治国家，所有合作社政策都有法可依，《农业基本法》是农业中的大法，合作社相关法律的制定都是依据此法进行。而综合农协的改革与发展都是在法治的轨道上进行。（2）始终坚持合作原则。《农业协同组合法》规定农协是为社会成员服务的合作社组织，不以盈利为目的，农协的第一目标是提高社员的经济和社会地位。农协的组织原则是入社自愿、退社自由、实行一人一票，会员要按章缴纳股金，负担经费和承担损失。（3）始终坚持为农民服务。从德川时代后期即19世纪前半期自发开始协同组合活动，到"二战"前明治政府派出内务大臣到德国学习合作制度，再到"二战"后结合农村土地制度改革推行新的农村合作社发展，日本农村合作组织坚持自由自治等合作原则，竭力为农村农民和土地服务。日本农协较好地克服了家庭经营的局限性，促进了大生产与大市场有效对接，对日本农业发展起着举足轻重的作用。

2. 日本农村合作金融发展的新变化

日本农村合作金融发展的三大新变化。（1）逐步走向合作制和股份制的混合治理模式。日本农村合作金融经历了两个发展阶段：第一阶段由股东会员直接控制，到第二阶段股东会员分化，再到现在股东会员非直接控制，并采取董事会和管理委员会双重管理模式。1992年日本修订了《农业协作法》，为农协引入董事会制度，1996年再度修法并引入双重管理体系：管理委员会和董事会双重管理制度。基层农协自行决定是否引入双重体系，县级和国家级的农协要求必须引入双重体系。董事会作为专业管理者管理农协业务，管理委员会代表农协成员管理董事会。2002年农协修正案又强调从事信贷业务的基层农协至少有三名全职董事，其中至少有一名主管信贷业务。由此可见，日本农协越来越意识到专业管理在金融业务中的重要性，在合作基础上的企业化管理，是当前日本农协组织发展的趋势。（2）综合农协面临日益增强的经营压力。日本综合农协起步于日本工业化初期的特殊历史时期，政府为保障食品供应，委托综合农协负责实施粮食统购业务，同时也将其他农业政策的贯彻落实交由农协全权负责，农协经营业务范围十分广泛，不仅提供农业信贷资金，还提供采购、销售、培训等其他非金融服务，从而确立了农协在日本农产品和投入品流通领域的垄断地位。然而，20世纪90年代金融自由化后，大藏省赋予综合农协特殊的高利息存款、低税收等优惠政策被取消，导致综合农协与城市金融资本平等竞争，金融业务不再是赚钱的铁饭碗，面临亏损危机。由此，日本实行了大规模合并基层农协，2012年，全国综合农协总量只有713家，是十年前的四分之一，个别县甚至出现一县一农协（如奈良县）；并由三级农协架构向基层—中央二级组织结构转变。此外，1999年农业政策放宽了工商资本参与农业生产经营的限制，2003年取消粮食统购制度，粮食流通市场化。支撑农协发展起来的行政管制手段彻底被取消，农协的经营进入最为艰难的时期。（3）农村合作金融的根基由提供农业信贷转变为保障存款安全。到20世纪60年代初，日本全面实现了粮食自给、摆脱贫困的目标，综合农协作为政府政策的执行机构，功不可没。日本高速工业化后，人口流动加速，村庄共同体被打破，农户分化加快，不同群体对农协的服务需求产生巨大差异。与此同时，农村资金严重过剩，农民对金融业务的需求不再是解决贷款难问题，而是保障存款安全。占农户主体的兼业农户是农协盈利的金融业务中存款的基本来源，依据合作制的民主原则，促使农协经营以他们为主要服务对象，业务拓展到兴办医院、托儿所、超市、加油站、邮政代办等，并向当地居民开放。使"综合农协与其说是农业合作社，不如说是地区居民的合作组织"。由于经营业务的去农化严重，一些专业农户无法得到有效服务，于是有能力的农户单独成立专业农协。但是由综合农协掌控金融和保险业务，几十年来，专业农协始终没有形成一种大气候，直接影响了日本专业规模农户群体的形成。

五、主要发达国家农村金融法律制度

国外农村金融法律制度较为完善，合作金融所遵循的基本原则通过法律确定下来。

表 8-1　发达国家农村金融法律制度

国家		主要法令	性质	主要内容
美国	农业信贷	《农业信贷法》1916 年	政策性金融法（第一部）	成立联邦土地银行和国家农地协会
		《农业信贷法》1923 年	政策性金融法	成立联邦中期信贷银行
		《农业信贷法》1933 年	合作性金融法	建立农村合作银行系统
		《农业信贷法》1985 年	合作性金融法	农户信贷系统发生了结构性变化
		《农业信贷法》2009 年	合作性金融法	为农业纠纷调解项目提供专门财政拨款
美国	农业保险	《联邦农作物保险法》1938 年		组建联邦农作物保险公司。是 1933 年罗斯福政策出台著名的《农业调整法》的 1938 年修改版第五部分
		《联邦农作物保险法》1980 年		对投保农民和商业保险公司进行农业保险补贴
		《克林顿农作物保险改革法》1994 年		建立巨灾风险保障制度，推出福利性农业计划
加拿大	农业信贷	《农民债权人安排法》1934 年	政策性金融法	授权在一定条件下降低农民的债务
		《退伍军人土地管理法》1942 年	政策性金融法	鼓励"二战"退伍军人从事农业生产活动
		《农场改善贷款法》1945 年	政策性金融法	给农场提供用于农场建筑、电气化、排灌、农机、畜牧等方面中期贷款。2009 年废止
		《农场信贷法》1959 年		成立"农场信贷公司"
		《农业信贷法》1970 年		成立"农业信贷公司"，为农民发放三类贷款：标准农业贷款；青年农民贷款；安置青年农民贷款
		《农业开发贷款法》1970 年	政策性金融法	授权政策性银行和其他指定借贷人向农民贷款提供担保
		《农场借款调解法案》1997 年		旨在为破产农户和他们的债权人提供调解，处理争议
		《加拿大农业信贷法》2009 年		授权银行、信用社、信托公司向贷款人和农业信用社提供贷款，在贷款人无法偿还时，借款人可以提起最高偿付率为 95% 的诉讼

续表

国家		主要法令	性质	主要内容
加拿大	农业保险	《草原农场援助法》1933 年		农场主被强制参加，缴纳农作物收入的 1% 作为保费
		《联邦农作物保险法》1959 年		成立了只从事单一农作物保险的保险机构，政府协助农民减少因灾损失
法国	农业信贷	《土地银行法》19 世纪		着手建立农村信贷机构
		《农业信贷银行宪章》1920 年		成立专门管理地方银行和地区银行的国家农业信贷管理局
法国	农业保险	《农业互助保险法》1900 年		划分了互助保险社承担的风险范围
		《农业指导法》1960 年		建立了"农业损害保证制度"和"国家农业灾害基金"，负责补偿受灾农民的损失
		《保险法典》1976 年		对农业互助保险进行了较为详细的规定
		《农业灾害救助法》1982 年		对自然灾害险实行强制保险
日本	农村金融	《农林渔业金融公库法》1945 年		成立了农业政策性金融机构：农林渔业的金融公库
		《农业协同组合法》（1947 年）及 12 个附属法令		形成一个规范农协发展的专门法律体系
		《农业基本法》1961 年	具有标志作用	确定了城乡收入均等化的发展目标
	农业保险	《牲畜保险法》和《农作物保险法》1929 年		开始实施农业保险
		《农业信用担保保险法》1961 年		建立了农业信用担保保险制度

注：根据王煜宇著《农村金融法律制度与创新：基于法经济学的分析范式》、陈荣文著《农村合作金融的法制创新》等整理。

第九章

中国合作金融的立法思考 [①]

　　2004 年农村信用社试点改革以来，在十多年的农村金融的改革发展过程中，合作金融究竟处于何种发展状态呢？总体来说，存在两条不同的发展路线：一条线，在正规金融体系中，合作金融成分逐步消退。随着农村信用社改革深化，依附在农村信用社这种组织机构内的合作色彩一步一步地褪色，改革初期所设计的组织形式为股份制和股份合作制，产权选择为投资股和资格股，但到改革后期，99% 的农村信用社选择了股份制；产权结构也只剩下投资股，资格股逐步消亡。通过改革的"三级跳"，从农村信用合作社—农村合作银行—农村商业银行，农村信用社完成了去"合作"过程，转化为真正的农村商业银行。另一条线，在非正规金融领域，依托农民专业合作社和贫困村互助社等方式，农民通过生产合作自发地走向了资金合作，新的合作金融形式不断萌生，出现大量名称不同 [②]、形式多种、具有草根性质与合作金融特征的农村信用合作组织，而这种各地普遍存在、涉众面广、规模较大、监管缺位的农村合作金融组织创新潜流，愈演愈烈，真正到了不得不高度重视、加快引导、避免

---

① 本章作者为汪小亚博士，本章在 2014 年 12 月文稿的基础上节选而成，而 2014 年 12 月文稿是为全国人大农委课题"关于《农民专业合作社法》修法研究"和"农村金融立法研究"而作。

② 目前具有农村合作性质的金融组织名称不同，如"农民资金互助社""农民信用合作组织""农村信用合作社"等，在此，统称为"农村合作金融组织"。

其走农村合作基金会老路的关键时期。

纵观历史，几度兴衰的合作金融探索，都难以持续稳健发展，究其原因，中国农村合作金融组织建立和发展缺乏法律依据。目前我国没有一部具体法律对合作金融组织的性质、地位进行明确和规范。而德国、荷兰、美国等合作金融发展较早的国家一开始就制定与信用合作有关的立法。

第一节　当下，中国农村合作金融兴起的需求与动力

1998 年全面清理农村合作基金会的历史事件发生，至今不足 20 年，许多人仍清晰地记得当年的人和事，但这种不曾忘记的深刻教训，为什么没有阻止当今农村信用合作的自发行为？为何各式各样的农村合作金融组织创新又一东山再起呢？这是不是说明中国农村还有适合合作金融生长的土壤和环境？

一、现有的农村生产经营方式决定了农村合作金融具有旺盛的需求

改革开放以来，中国农村经营主体结构在不断地变化，以家庭联产承包责任制为核心的农村生产经营方式，决定中国农业的小规模经营和农户家庭经营的重要地位，但近年来，农户家庭经营一直处于分化状态，新型农业经营主体不断产生和发展。目前，我国农户数量超过 2.66 亿户，其中，纯农户比重由 1993 年的 49.9% 下降到 2013 年的 39.65%（来源于全国农村观察点调查数据）。个体农户仍是最大的经营主体，但各类新型经营主体日益壮大。一是家庭经营类，据农业部统计，截至 2013 年底，全国经营面积在 50 亩以上的专业大户超过 287 万户，占农户总数的 1.08%；二是合作经营类，截至 2013 年底全国依法登记的农民合作社达 95.07 万家，实有成员 7 221 万户，占农户总数的 27.8%；三是企业经营类，截至 2012 年底，全国各类农业产业化龙头企业近 12 万家，其中，种植业、畜牧业、水产业的龙头企业分别占总数的 56.9%、27.4%、6.6%，所提供的农产品及加工制品占农产品市场供应量的不到 1/3，占主要城市"菜篮子"产品供给的 2/3 以上。无论是传统农户还是新型农村经营主体，都表现出较强烈的合作性金融需求意愿，这既由现有生产主体结构特点决定，也受目前农村金融供给不足的影响。

二、农民专业合作社的生产合作，带动了信用合作的发展

目前，全国依法登记的专业合作、股份合作等农民合作社达到 95.07 万家，

而开展内部信用合作的已近 3 万家，农民合作社正由数量增长向数量增长与质量提升并重的方向转变，由注重生产联合向产加销一体化经营方向转变，由单一要素合作向劳动、技术、资金、土地等多要素合作方向转变。据调研^① 得知，在 128 家农民专业合作社的总样本中，有 70 家开展了信用合作，占比 55%；而在开展信用合作的农民专业合作社中，只有 47% 的合作社得到银行贷款。有 71% 的专业合作社开展信用合作的目的，是为资金互助；40% 的合作社为产品赊销与赊购；20% 的合作社为获得银行贷款提供担保服务。总之，农民专业合作社发展到一定经营水平后，资金短缺是促使农民专业合作社开展信用合作的一个普遍而内生动因，许多专业合作社几乎完全依赖社员内部融资来满足社员的资金需求，而且大部分合作社开展信用合作的主流是为了解决社员的融资困难，不是为谋利。这反映出，在商业性金融无法满足成员需求的情况下，合作社有着较强的自我开展信用合作的需求。开展信用合作是我国农民专业合作社未来发展必须拓展的、内生的一个重要功能。

三、一些农户因正规金融供给不足，通过资金互助来解决融资需求

由于中国农业的小规模经营和农户家庭经营仍占主要地位，合作性的金融需求就会较明显。一是目前我国以商业性金融为主的农村信贷资金供给难以满足小额而又分散的农户信贷需求。二是分散农户在对接农村大市场的过程中，必然会走向生产合作、销售合作乃至信用合作，因为资金互助在促进生产和销售合作中能发挥重要作用。总之，长期以来，民间借贷较活跃，就说明合作性质的金融形态在农村地区较有市场。

---

① 引自苑鹏的《农民专业合作社开展信用合作的现状研究》。该课题组 2012 年底利用农业部农村干部管理学院合作社年度总结会议之际，向到会的合作社理事长发放调研问卷 145 份，收回有效问卷 128 份，占样本总量的 88%。

四、合作金融发挥"熟人社会"的优势，实现了与商业金融错位发展

农民资金互助社是根植于农村，贴近于农民，发挥"熟人社会"优势。一是"熟人社会"的信息对称程度高，降低了发放贷款的信息搜寻成本。由于农民资金互助社实行封闭运行，在社员内部开展资金互助合作，实质上构建出"熟人社会"，社员之间彼此了解，对借款户的家庭人员、道德品质、种养业活动都十分清楚，具有很高的信息对称性，从而有效解决了正规商业性金融机构开展农户贷款面临的严重信息不对称和贷前调查、贷中审查、贷后检查的信息成本高等问题。二是"熟人社会"提高了借款农户的违约成本，使信用贷款得以实施。在"熟人社会"，社员信誉风险较大，对于借款有意不还的农户会遭受周围邻居以"闲言碎语"方式加以传播，致使其"恶劣行径"家喻户晓，从而提高了其再次获得邻居帮助的困难程度。调查中发现，有的农民资金互助社规定，对于有意赖账不还的农户，邻居将拒绝参与其家庭成员的结婚、生子、丧葬等重大事务。正是基于此，农民资金互助社可以采取信用方式发放贷款，有效解决了农户抵押物缺失的问题，而不像正规的商业性金融机构，要求农户借款必须提供抵押物，从而将抵押物缺失的广大农户拒之金融服务外。三是"熟人社会"降低了交易成本，社员使用资金机会的均等化，决定了资金使用可以实行低价格。农民资金互助社实行封闭运行，社内成员间资金互助合作，确保了社员使用资金机会的均等化，因而没有必要像商业性金融机构面对开放社会发放贷款所实行的资金使用高价格。同时，由于参加资金互助社的农民大多是弱势群体，无力承受较高的资金使用成本，也要求以较低的成本使用资金。另外，中国农村地区民间互助借贷行为有很广泛的群众基础和很久远的社会风俗与熟人社会长期存在密不可分。

五、一些主管部门和地方政府对农民资金互助合作具有较高的热情

近年来，为推动农业生产和农民专业合作社的发展，部分地方政府和农业主管部门对农民专业合作社的资金互助合作具有较高的热情，不少地方把农村

资金合作社作为"模式"和"经验"进行交流，组织参观学习，并出台鼓励发展的指导性文件。另外，现行农民资金互助社在无牌照无登记的状况下已存活3~5年甚至更长，主要因为地方政府吸取过去教训，不敢冒进和过度干预，各地本着观望或摸索的态度对待农村合作金融组织创新问题。农民资金互助社自身也在模拟正规金融机构建立了一些风险防控措施。

第二节 当前农村合作金融组织发展的影响与风险

一、多重影响

一是创新了一种农村金融服务主体。农村合作金融组织是建立在"血缘、亲缘、人缘、地缘"关系上的，其借助"熟人社会"优势，摆脱了抵押物约束，用合作互助方式发放信用贷款，调剂了农户之间的资金余缺。这与强调有效抵押物的商业性金融机构运作模式截然不同。

二是对正规金融具有替代和互补。一方面，部分农村地区由于正规金融机构的网点少，获得正规金融服务的农户比例较低，农村信用合作组织利用"熟人社会"信息优势，通过资金互助的平台为农户提供低成本金融服务。调查显示，农村信用合作组织的贷款规模与获得正规金融机构服务的农户比例之间呈弱的负相关性。另一方面，部分农村信用合作组织在功能上实现了与农村信用社等正规金融机构的有效衔接，将正规金融与小企业和农户连接起来，在大资金和小客户之间发挥桥梁作用。

三是探索了一种新的扶贫资金支农模式。与简单地发放扶贫救助资金相比，扶持贫困户生产经营能力能够从根本上解决贫困难题。贫困村互助资金不仅提高了财政扶贫资金的使用效率，而且培养了农民的信用意识和互助意识，提高了贫困村和贫困户的自我积累、自我管理和可持续发展的能力。

二、主要问题

当前农村合作金融组织创新的自发性色彩较浓，潜藏金融风险较大，特别是依托专业合作社开展的农民资金互助社数量较多、涉众较广、管理较混乱，其情况最为复杂。

1. 农村信用合作组织性质不明，长期监管缺失

目前，除第一类社由银监会监管和第二类社由扶贫办按章程管理外，其他的绝大部分资金互助社基本处于无人监管的真空状态。银监部门认为，应坚持"谁审批，谁监管"的原则，不将其纳入监管范围。当地农委或农工办是"只批不管"，虽出台若干指导意见，更多的是鼓励设立而淡化管理。工商部门认为只负责企业法人登记工作，不负责经营问题。公安部门认为没有危及社会安全和地方维稳，不主动立案。外部监管缺失严重影响农村信用合作组织健康发展。与此同时，注册登记问题是农村信用合作组织发展面临的一大难题。目前，大部分农村信用合作组织没有登记，调查显示，仅有11.74%的农村信用合作组织在工商或民政部门登记注册。还有一些农村信用合作组织借用农民专业合作社或个人名义登记。

2. 农村信用合作组织内部管理不健全

目前，农村信用合作组织，在业务运作上，缺乏规范的金融业务操作流程，所放贷款没有任何风险准备；在账户管理上，无标准的账目管理，甚至出现将入社资金和吸储资金都存放在理事长个人账户上；在治理结构上，缺乏民主管理，由理事长、监事长等少数人决定，受农业或供销部门行政干预程度大，农村经管站的经管员往往替代理事长管理，有的供销合作社主任直接担任资金互助社理事长，有的农村信用合作组织缺乏基本的组织管理机制，有的制度办法形式完备但缺乏有效落实，有的农村信用合作组织管理人员的分工和职责不明，财务管理不规范，贷款风险的防范主要依靠社区内社员的乡村民俗和自律意识，难以适应组织自身不断扩大的资金规模。与此同时，部分地区存在个别农村信用合作组织由龙头企业或少数强势社员操纵，以及以集体财产为基础组建并强制要求社员入社等现象。尽管不宜以正规金融机构的标准来衡量农村信用合作组织，但其健康发展需要一套相对健全的内部管理框架和制度。

3. 个别农村信用合作组织存在资金来源存款化现象

个别农村信用合作组织存在吸收存款或按约定利率支付资金占用费，以及吸收具有固定回报的投资股等变相吸收存款的现象。实际上入股如同存款，高

息向社员外公众吸收存款，其利率普遍高于同期银行存款，甚至接近民间借贷水平，一些合作社采取存入资金送自行车、电视机、电动车等手段来吸收存款，抬高了当地金融市场利率，造成合作社和金融机构之间不正当竞争，扰乱了农村金融市场秩序。同时，极个别地区的信用合作组织设立多家分社和互助中心，进行跨区吸储和放贷，存在一定风险隐患。

4. 资金运用贷款化，且存在高利贷现象

部分社资金运用以贷款方式为主，贷款要求有抵押或担保，期限以短期为主，贷款利率高达15%~24%。同时，违规放贷，形成了一批难以估量的体外资金，影响国家宏观调控和结构调整。一些农民资金互助社的经营远远超过"互助"范围，贷款范围不仅在社员以外，而且在农业以外，如将资金投向房地产、项目建设等高风险领域。

5. "山寨银行"潜在风险隐患较大

在江苏盐城市、陕西西安临潼区，还有河北的平山县、藁城市、无极县、新乐市、霸州等地都发现了一些有网点门面且对外公开营业的农民资金互助社，这些互助社的设立大都经农业主管部门批准，有工商或民政登记但无金融许可证。其地处繁华路口，与正规金融机构相邻，又模仿正规金融机构的制度与管理，有营业门面、标准柜台、对外窗口，有招牌、制服、保安，有存贷凭证、宣传标语，如"零手续、零担保、零风险""存入互助金有红利、借出互助金费率低"，这种混淆视听的"山寨银行"超出合作互助范围且公开设点营业的资金互助社潜藏较大的风险隐患，部分社已爆发支付危机，危及地方金融稳定。

6. 贫困村资金互助社的可持续性有待进一步提高

贫困村资金互助社的组建初衷和发展目标定位于扶贫和开发，主要选择在国家级或省级的贫困村试点，目前覆盖面较小，且处于试点初期，存在资金规模较小、互助范围较窄、借款期限较短等问题，难以满足所有社员农户的资金需求。部分互助资金的经营成本较高，财务的可持续性还有待进一步改善。

三、潜在风险

一些超出合作互助范围且公开设点营业的资金互助社潜藏较大的风险隐患。

1. 变相吸储，扰乱金融秩序，出现"劣币驱逐良币"效应

盐城市射阳县陈洋镇，因农民资金互助社凭借远高于一般金融机构的存款利率，迅速吸纳大量资金，导致当地农行、农商行等正规金融机构的居民储蓄存款不增反降，农行营业所因业务发展困难，网点停止营业；农商行陈洋支行也因业务发展缓慢，将一级支行降为二级支行。陕西西安临潼区因农民资金互助社紧邻农信社设立网点，导致农信社生意难做，所在地农信社不良贷款率较高。

2. 违规放贷，形成了一批难以估量的体外资金，影响国家宏观调控和结构调整

一些农民资金互助社的经营远远超过"互助"范围，贷款范围不仅在社员以外，而且在农业以外，如将资金投向房地产、项目建设等高风险领域。

3. 部分社已爆发支付危机，危及地方金融稳定

2012年射阳县陈洋农民资金互助社发生挤兑风波。河北省元氏县北褚乡潘石农民专业合作社吸收股金，大部分资金用于煤厂煤炭运输等投资，受煤炭行业下行影响投资无法收回，发生支付危机。

第三节　农村合作金融立法的必要性和可行性

一、农村合作金融立法的必要性

1. 合作本质就是契约关系，需要以法律形式维护契约的履行

农村金融组织形式主要有三种：政策性、商业性、合作性。政策性金融，与财政有关，有一系列与财政资金运用的规章和制度相约束；商业性金融，在中国，不仅有《商业银行法》为基本准则，还有一些较为成熟的监管办法和指引来引导。而合作性金融，更多的是内部合作关系，需要一种内部契约和社会契约来规范，尊重公平契约，是一国经济文明的体现，而建立这种尊重，需要法律来维护，这就是为什么德国、荷兰、美国等合作金融发展较早的国家一开始就制定与信用合作有关的立法。

2. 中国合作金融发展的几度沉浮，更说明唯有立法才能引导其发展

农村信用合作社的历史较长，新中国成立之初，通过农民入股成立的农村信用合作社曾是农村合作经济的三大组成部分之一，但人民公社化运动之后，信用合作体系被集体化、国有化，农村信用合作社演变为国家金融机构的基层组织，合作性质早已名存实亡，再经过这几年深化农村金融改革，农村信用社彻底地走向商业化，对农村信用社的金融监管明显增强了，但这种金融监管无法替代对信用合作行为和组织的规范与引导。

农村合作基金会也经历了十年的发展与消亡。20 世纪 80 年代，随着以家庭承包制为主要内容的中国农村改革的不断推进，农民收入不断提高，农村商品和货币关系得以强化，为了强化农村集体资产管理，保障农村集体资产的安全和增值，农村合作基金会在全国范围内得以广泛开展。但是由于农村合作基金会出现的产权不清晰、管理不善、政府过多干预，缺少有效监管，出现大面积的兑付风险等问题，导致农村合作基金会最终被整顿和取缔，1999 年 1 月，全国 2.1 万个乡级和 2.4 万个村级农村合作基金会，全部被取缔，结束了农村合作基金会在中国 10 年的存亡历史。

当前，农村合作金融组织创新浪潮再度兴起，这种涉众面广而又长期监管缺位的合作金融组织行为，存在较大的风险隐患，究其原因，中国农村合作金融组织建立和发展缺乏法律依据。目前我国没有一部具体法律对合作金融组织的性质、地位进行明确和确认。

3.《农民专业合作社法》把农民合作金融组织排除在外

从 2007 年 7 月 1 日正式实施的《农民专业合作社法》的立法解释中，明确说明此法的调整范围，不包括农村合作金融组织，致使一些农民已经办起来的资金互助组织处于不被承认的尴尬境地。不过，各地农村合作金融组织在章程确立和组织运营上还是参照《农民专业合作社法》。这里存在两大问题：一是《农民专业合作社法》自身也暴露出了一些问题和缺陷[①]，无法适应农民专

---

① 苑鹏."关于修订《农民专业合作社法》的几点思考"[J].湖南农业大学学报（社会科学版），2013（4）.

业合作社发展的新形势和创新实践。如关于立法目的，《农民专业合作社法》第一章第一条明确规定，"为了支持、引导农民专业合作社的发展，规范农民专业合作社的组织和行为，保护农民专业合作社及其成员的合法权益，促进农业和农村经济的发展，制定本法"，而立法的最终目的即发展合作社的直接目标到底是指向农民、农户还是农业、农村？现实中，合作社存在着被非农民工具性发展倾向，主要表现在农民生产经营者、特别是兼业农民在合作社的主体地位没有得到充分体现，成为合作社领办人控制下的雇佣工具，虽然初步解决了农产品的出路问题，并获得了更多的就业机会，收入稳定性得到保障，但是从缩小收入差距的视角看，没有明显的改善。又如，关于法律名称、调整对象和适用范围，按照《农民专业合作社法》第二条的规定，"农民专业合作社是在农村家庭承包经营基础上，同类农产品的生产经营者或者同类农业生产经营服务的提供者、利用者，自愿联合、民主管理的互助性经济组织。农民专业合作社以其成员为主要服务对象，提供农业生产资料的购买，农产品的销售、加工、运输、储藏以及与农业生产经营有关的技术、信息等服务"。解读法律定义，调整对象排除了传统体制下转型而来的社区合作组织、供销合作组织，也排除了改革开放中出现的农村金融组织和农村专业技术协会，仅仅锁定在农民自我兴办、并且开展经营活动的合作社。但是从目前农民专业合作社的发展现状看，即使是农民自我兴办的合作社，类型也十分丰富，早已突破了法律的界定范围，出现了农村沼气、劳务、乡村旅游、传统工艺品等覆盖农村第二、第三产业的经营类和服务类合作社，而这些类型的合作社在注册登记中遇到了法律障碍，并诱发了一些地方法律法规的"创新"。关于农民专业合作社税务登记注册类型中，涵盖了集体企业、股份合作企业、有限责任公司、个人合伙、私营合伙企业、社团组织以及其他企业、其他组织等多种类型，可谓是五花八门，几乎覆盖了所有工商注册登记企业类型，但缺乏合作社制度安排的独特属性。再如，关于联合社、合作社的联合社，《农民专业合作社法》没有规定，而农民专业合作社发展起来后，横向联合和纵向一体化是必然趋势，故此，各地在实施办法或条例中，明确了联合社的合法身份。二是许多农村合作金融组织所确立的章程还达不到《农民专业合作社法》

的基本要求。如《农民专业合作社法》要求，入社基本条件是从事与农民专业合作社业务直接有关的生产经营活动的企业、事业单位或者社会团体。而现实中，一些农民资金互助社将一些社办企业纳入会员，并将投放于社办企业，而这些社办企业大多从事"三农"以外的行业，如石油销售、置业、建材、超市等，从而导致资金运用背离"三农"。又如，《农民专业合作社法》第三条规定，盈余主要按照成员与农民专业合作社的交易量（额）比例返还，以此激励社员与农民专业合作社开展活动，更好地实现互助合作目标。但一些互助资金管理办法规定，"闲置资金存入农民合作社按约定利率获取利息，但不参与融资业务的盈余分配，也不承担融资业务造成的亏损"。普通社员只享受约定利息，不享受年终分红，只强调股东社员按照入股金额参与盈余分配，从而削弱了激励社员开展资金互助合作的积极性。同时由于股东社员处于强势地位，拥有较大的经营决策权，为了实现自身利益最大化，也会推动资金互助业务追求利润最大化目标，背离了互助合作目标的实现。

4. 银监会发布的《农民资金互助社管理暂行办法》无法成为引导合作金融发展的法律依据

2009 年底银监会发布的《农民资金互助社管理暂行办法》，明确农村资金互助社的合作金融性质，放宽其市场准入条件，允许多种类型的农民资金互助等微型金融组织能纳入其范围。但《农民资金互助社管理暂行办法》无法成为引导全社会合作金融发展的法律依据。一是其准入门槛高，无法涵盖全社会范围的合作金融组织和行为。该办法只规定由银监部门批设的农村资金互助社，并颁发金融业务许可证，而对其他依托专业合作社或扶贫办的合作金融组织概不负责。由于其准入条件高、批设数量少，目前全国农村资金互助社共有49家，而且不再新设，已设立的互助社可以改制为村镇银行。二是其设计存在制度缺陷，导致盈利能力弱。由银监部门批设的农村资金互助社，实际上是城市金融的复制，没有体现农村地区的社区性和合作互助意愿。其生命力不强，影响程度有限。目前大多数社处于亏损状态。

二、农村合作金融立法的可行性

1. 依法治国的理念要求重大改革都要"于法有据"而不是"先破后立"

过去一段时间里，改革给人们的印象是，改革难免突破法律，等这项改革成熟之后，再把改革的经验规定到法律中，即"先破后立"。这种做法与法律法规的滞后和不健全有关，部分改革不得不以突破法律的方式推进。这种做法的危害是忽视法律履行的严肃性，也不重视立法推进的紧迫性。现在强调"依法治国"的理念，凡属重大改革都要"于法有据"，确保在法治轨道上推进改革。要先立法后推行，"先立后破"，确保一切改革举措都在法治轨道上进行，不允许再存在法治轨道之外的改革试点。这就为农村合作金融立法创造了一个良好的氛围。

2. 2014 年中央一号文件为农村合作金融发展创造了较好的立法基础

2014 年中央一号文件明确提出要"发展新型农村合作金融组织"，即发展新型农村合作金融组织。在管理民主、运行规范、带动力强的农民合作社和供销合作社基础上，培育发展农村合作金融，不断丰富农村地区金融机构类型。坚持社员制、封闭性原则，在不对外吸储放贷、不支付固定回报的前提下，推动社区性农村资金互助组织发展。完善地方农村金融管理体制，明确地方政府对新型农村合作金融监管职责，鼓励地方建立风险补偿基金，有效防范金融风险。适时制定农村合作金融发展管理办法。2004 年中央一号文件中有关发展新型合作金融的三层含义：培育农村合作金融组织、确定农村合作金融发展原则、建立农村合作金融管理体制。解读一号文精神，能为农村合作金融立法确立几大重点。

一是第一次提出"新型农村合作金融组织"的概念。第一层次理解就是从机构或组织的角度，区别于大家一般理解的农村合作金融组织如农村信用社和银监会批设的农村资金互助社；也区别于过去的农村合作基金会。而是在管理民主、运行规范、带动力强的农民合作社和供销合作社的基础上，培育发展农村合作金融，不断丰富农村地区金融机构类型。第二层次理解就是从理念和原则的角度，区别于商业性金融，强调建立起合作金融的理念和原则，即以"自愿参加、封闭运行、民主管理、服务'三农'、互助共济"为原则,因为商业性金融以盈利为目的,强调经济上可持续发展;而合作性金融以服务于社员为目的,只要求收支平衡在财务上可持续,不以盈利为目的。只有坚持这种合作金融理念和原则的金融组织,才能算得上是新型合作金融组织。第三层次理解就是从成员基础的角度,新型合作金融组织的建立是遵循《农民专业合作社法》,依托农民专业合作基础上的信用合作,或者是依托社区互助基础上资金互助,其目的是通过金融合作推动经济合作,这与过去农村合作基金会为保全或增值集体资金的目的所不同。

二是明确了农村合作金融组织应遵循的基本原则。一号文提出要坚持社员制、封闭性原则,不对外吸储放贷、不支付固定回报的前提,这是发展新型农村合作金融组织的最基本的原则和前提。现在,有些地方借合作金融组织之名,行商业金融之实,这种做法十分危险,因为,一方面,按商业性金融做法吸收存款发放贷款,甚至向社员外公众提供大量金融服务;另一方面,又没有按商业性金融所要求的接受审慎监管,一旦出现问题,不仅这些资金互助社自身难以承担,甚至会蔓延或传染到正规金融机构,影响金融安全。要杜绝这些变相吸储的现象,最关键一点,就是要建立对当前农民资金互助社的金融监管,引导农村合作金融组织在规范中发展。同时,发展新型农村合作金融组织的目的就是为最基层的农民提供最基本的金融服务,体现普惠金融理念,解决"最后一公里"问题,所以文件强调"推动社区性农村资金互助组织发展"。至于如何克服合作组织单个规模小、实力弱、结算渠道不畅、技术手段落后等弱势的问题,现有的农村金融基础设施和农村金融机构体系已为农村合作金融组织搭建起外部网络平台。现在许多农民资金互助社都在农信社或农行开户,社员资金往来和支付结算都在开户的金融机构办理,如同代理行一样。我们也应该鼓励农民资金互助社与正规金融机构之间进行有效对接。

三是强调了地方政府对新型农村合作金融监管职责。一号文明确提出:完善地方农村金融管理体制,明确地方政府对新型农村合作金融监管职责,鼓励地方建立风险补偿基金,有效防范金融风险。为什么强调地方政府的金融监管职责呢?原因之一,农村合作金融组织点多面广形式复杂,地方政府不仅能便利地掌握情况和更迅速地处理问题，更重要的是能建立起更多更广泛的金融监管力量。原因之二，目前农村合作金融组织属于地方性的法人组织，跨区经营较少，一旦出现金融问题或爆发支付危机，往往是区域性金融风险，地方政府负有维护地方金融稳定职责。另外，部分地方政府对发展农民专业合作社和开展资金互助合作社具有较高的热情，不少地方出台鼓励发展的指导性文件，并树立"模式"和"经验"进行交流和学习。原因之三，近年来，已出台的一些地方性金融组织（如小额贷款公司）发展的指导性文件都明确要求由地方政府负金融监管职责，党的十八届三中全会也提出了"地方金融监管"的概念。

3. 可以将农村合作金融纳入《专业合作社法》的修改范围

一是《专业合作社法》需要进一步修改。2007年实施的《农民专业合作社法》所规范的合作社是基于相同类型生产或服务的专业性经济实体，对农村合作社事业的发展起到了十分重要的推动作用，但从实践看，专业性合作已经不能包容广大农民多样化的合作需求了，需要在一号文件精神指导下进一步拓宽农民合作的范围，明确信用合作原则和合作金融组织的法律地位。

二是一号文多次强调在农民专业合作社基础上开展信用合作。2006年一号文强调"引导农户发展资金互助组织"，2009年一号文要求"农民专业合作社开展信用合作试点的具体办法"，2012年指出"有序发展农村资金互助组织，引导农民专业合作社规范开展信用合作"，2014年一号文第一次以独立成段的方式，完整地提出并阐述了农村合作金融发展主张。

三是银监会和农业部多次出台有关农民专业合作社开展信用合作的指导意见。2009年银监会和农业部联合颁发《关于做好农民专业合作社金融服务工作的意见》（银监发〔2009〕13号），从五个方面支持农民专业合作社发展，即将农民专业合作社全部纳入农村信用评定范围、加大信贷支持、创新金融产品、改进服务方式、鼓励有条件的农民专业合作社发展信用合作。2014年10月银监会、农业部和供销总社三部门联合下发《关于引导规范开展农村信用合作的通知》（以下简称《通知》）要求各级各有关部门引导规范农民合作社、供销合作社等有序发展新型农村合作金融，有效防范农村金融风险。强调农村合作经济组织严格按照相关要求和合作制的原则，审慎合规经营。要求各地组织对辖区内各类农村信用合作情况开展深入排查，全面摸清底数和经营中的突出问题，并采取措施进行分类清理规范；要严格把握政策界限，区分不同情况采取相应的措施，消除隐患，化解风险。2014年9月农业部、发改委、财政部等全国农民合作社发展部际联席会议九部门下发了《关于引导和促进农民合作社规范发展的意见》（以下简称《意见》），就加强农民合作社规范化建设作出了系统部署，这是全国农民合作社发展部际联席会议印发的首个促进农民合作社规范发展的指导性文件。《意见》提出了12个方面的规范化建设任务，包括章程制定、登记注册、年度报告、明晰产权、组织机构、财务管理、成员账户、收益分配、公开社务、诚信经营、信用合作、信息化建设等内容。特别在如何引导合作社有序开展信用合作上，《意见》强调，合作社开展信用合作，必须经有关部门批准，坚持社员制封闭性、促进产业发展、对内不对外、吸股不吸储、分红不分息等原则，业务单独核算，建立健全内部管理制度，做到健康运行、风险可控。

四是曾一度各地就农民专业合作社开展信用合作出台指导意见。北京、江苏等12省（市）在地方立法中赋予了合作社开展内部信用合作的法律地位，辽宁、安徽等地专门下发了指导意见或管理办法。值得一提的是，作为改革试点的山东省率先引导规范农民信用合作组织。山东省于2014年8月下发《关于引导规范农民合作社信用合作的通知》，其主要内容为五个部分：第一，开展调查摸底通过采取上门走访、申报核查等形式，对全省开展信用合作的合作社进行一次全面调查。第二，清理规范。第三，健全管理制度。第四，构建长效机制。重点是要求强化风险意识。第五，加强组织领导。明确各市、县（市、区）人民政府是辖区内农民合作社信用合作监督管理和风险处置的第一责任人。

五是允许农民专业合作社内部开展信用合作，曾一度在《农村农民专业合作社法》修订过程中，作为此次修法的亮点，2017年6月22日，全国人大农业与农村委员会副主任委员在十二届全国人大常委会二十八次会议的全体会议上，受全国人大农业与农村委员会委托作了关于《中华人民共和国农民专业合作社法（修订草案）》（以下简称《草案》）的说明，施行10年的农民专业合作社法迎来了首次修改，它在原有的基础上，对多项不合理的制度进行了修改，解决农民合作社所存在的问题，其中，允许农民专业合作社内部开展信用合作，作为《草案》的四大亮点之一。当时，除山东省是经国务院同意开展合作社信用合作试点外，全国有 14 个省（区、市）的地方性法规明确规定合作社可以开展信用合作业务，辽宁、安徽等地制定了专门指导意见或管理办法。而全国有 2000 多家合作社开展信用合作。在借鉴地方立法经验基础上，《草案》明确农民专业合作社内部开展信用合作，须依托于农民专业合作社，以成员信用为基础，以产业为纽带，由全部或部分成员自愿出资，目的是为成员在合作社内部发展生产提供资金互助业务活动，不是专门的信用合作社。但 2017 年 12 月 27 日第十二届全国人民代表大会常务委员会第三十一次会议修订的《中华人民共和国农民专业合作社法》，没有纳入信用合作的内容。这使得中国合作金融组织发展走向正规化、合法化又一次错失良机。

第四节　中国农村合作金融立法的原则和重点

带有民间性质的农村信用合作组织的产生及兴起，既是对我国农村金融服务空白的弥补，更是对我国真正意义上的合作金融长期缺位的理性反应。为防止重蹈农村合作基金会覆辙，更好地发挥农村信用合作组织在促进农村经济发展中的积极作用，我国应在防范风险的前提下，引导农村信用合作组织健康有序发展，在立法的基础上重构我国的农村合作金融体系。

一、培育农村合作金融要坚持底线原则

合作性金融不同于商业性金融，它不以盈利论英雄，而是以合作互助为本色。"合作社是自愿联合起来的人们通过联合所有与民主控制的企业来满足他们共同的经济、社会与文化的需求与抱负的自治联合体。"[①] 中国农村合作金

---

① 摘自国际合作社联盟《关于合作社界定的声明》（1995）。

融几十年探索实践说明，底线原则的缺失导致发展道路的偏差，最终不得不推倒重来，反复多次改革。更何况，合作金融模式的营利性和持续性不一定低于商业金融模式,荷兰合作银行进入全球500强企业,而且经受国际金融危机考验,保持了良好的业绩。

1. 四大原则

基本原则是合作金融本质所要求坚守的核心原则，无论是在合作社的初级阶段还是高级阶段。在中国，培育和发展农村合作金融应遵循四大原则：自愿设立、服务社员、民主管理、自担风险。

一是自愿设立原则。入社自愿和退社自由，是合作社的基本特征，也是社员的基本权利。合作制度更多是"人合"而不是"资合"，尊重社员意愿，服务社员需求，是合作制度的本质。

二是服务社员原则。不以盈利为组织目标，而为成员提供服务，是合作金融组织基本特征。以德国合作金融为例，德国是合作金融发展模式的鼻祖和世界合作金融组织的发源地，德国合作银行创立之初的经营理念即不以盈利为目的，主要为会员提供金融服务，这一理念一直延续至今。一百多年来，尽管德国的经济体制和银行体制都发生了很大的变化，但合作银行始终坚持合作制原则和为成员服务的宗旨。合作银行的股东，即是合作制银行的主要客户，合作银行的业务即紧紧围绕客户的需要开展，这种紧密的客户关系和地区间联系，使德国合作银行拥有与其他商业银行同等的甚至更强的竞争地位。

三是民主管理原则。民主管理是保证实现互助合作目标的重要手段，而社员之间的地位平等是实现民主管理的主要条件。如果将社员划分为普通社员和股东社员，在承担经营风险、参与投票和盈利分配上又赋予不同的权利，不仅容易形成股东社员控制经营权，也会违背民主管理原则，最终背离互助合作目标。

四是自担风险原则。建立在自愿设立和民主管理基础上的合作组织，也必须接受自担风险的制度安排。

2. 四条红线

守住红线，是在合作社的初级阶段为确保合作制度的培育和成长所要求遵循的基本规则，防止起步走偏或名不副实的现象出现。但到了合作制的高级阶段，待组织机构的合作互助制度和关系建立后，这些原则可能会有所变化。当今国际上一些合作金融机构发生了制度性的变化，如从封闭的社员关系转变为开放的社员资格；退股退社自由开始受限制并增加按股分红比例；民主管理削弱而专家管理增强等。然而，在中国，根据 2014 年中央一号文件精神，在培育合作金融组织的过程中，应坚守"四条红线"：封闭运营，社员人数有一定限制，不跨区经营；不吸收公众存款，只吸收成员股金；不对外放贷，只为成员提供互助服务；不对成员支付固定回报，盈利主要用于积累。

第一条红线是封闭运营，社员人数有一定限制，不跨区经营。在社员内部开展资金互助。明确社员资格、标准，防止无原则地降低社员标准和任意扩大社员范围，避免以吸收互助金为名行"非法集资"之实。互助金应全部用于对社员放款，充分体现资金互助的目标，将互助金的使用限制在"熟人社会"范围，降低互助金使用中的风险。同时，合作金融的"熟人社会"优势是保证互助金发放安全性的重要手段。当今中国，"熟人社会"以村镇范围较为合适。突破村镇范围开展合作金融，虽然能带来互助金规模的上升，但也会提高信息非对称的程度，从而对具体管理人员的经营管理能力和技术提出更高的要求。从目前情况来看，专业合作社开展资金互助的业务人员素质不完全具备管理较大规模互助金的能力和技术，难以有效保证所发放互助金的安全。

第二条红线是不吸收公众存款，只吸收成员股金。吸收公众存款意味着对公众负债，是吸收存款类金融机构特许业务范围，需要接受上缴存款准备金和补充资本充足率等一系列严格的金融监管。目前，有些资金互助组织，以互助为名行吸储之实，逃避金融监管，这种违规经营的潜在风险巨大。

第三条红线是不对外放贷，只为成员提供互助服务。从实践看，"熟人社会"以村镇范围较为合适，如果突破村镇范围开展合作金融，将会失去"熟人社会"的优势，使信息的非对称程度提高，互助金的安全性就会缺乏最基本的保障。同时，随着资金互助突破村镇的地理范围而扩大，也会带来互助金规模的上升，这也会对具体管理人员的经营管理能力和技术提出更高的要求，而从目前专业合作社开展资金互助业务人员的素质来看，也不具备管理较大规模互助金的能力和技术，从而难以有效保证所发放互助金的安全。而对外放贷容易偏离服务成员的原则，更容易偏离服务"三农"的方向。当前，有些资金互助组织，是借助资金互助之名，吸收大量资金，而将资金贷给成员以外的非农产业或其他实体，甚至贷给宏观调控和结构调整中被限制发展的行业。

第四条红线是不对成员支付固定回报，盈利主要用于积累。因为合作社不追求利润最大化，坚持保本微利的经营宗旨，所以不能承诺对社员的固定收益。如果按照交易量（额）分配盈利，有利于激励社员在专业合作社内部开展资金互助合作，更有效发挥互助金的作用。如果按股东社员和普通社员实行不同的分配规则，将不符合合作互助宗旨。

二、确立农村合作金融的立法重点

1. 明确农村合作金融组织法律地位

在借鉴各国农村合作金融立法的基础上，尽早出台中国的有关合作金融法律规定，以便使农村合作金融组织发展有法可依，保证中国合作金融在法律制度框架内合法而健康运行。

2. 建立合作互助和可持续发展的内部运行机制

一是确立合作金融组织的基本制度规则，这包括成员资格和相关权利与义务、盈利分配的方式、民主管理的体现形式等。因为合作金融是以服务成员为宗旨，所以确立成员资格以及权利与义务是建立合作金融组织的基础。二是明确联合社的条件与范围。处理好合作社与联合社的关系，是建立合作金融制度的一个重点。联合社的范围、跨度、条件、方式等都值得进一步明确。目前，一些地区出现跨市和跨县的大小联合，这种联合往往会形成更广泛更深层更复杂的信用合作关系，更容易形成新一种资金集中模式，导致资金上收而不是下沉，成为新的抽水机；这种联合实际上是一种融资平台，会更多地将基层合作社聚集的互助合作资金投放于其他地方，从而导致用于基层互助合作的资金缺失，损害资金互助目标的实现。因此，在基层合作组织不发达的情况下，过早地构建高级合作组织，容易偏离合作方向。三是建立规范的组织（法人）治理结构。要确定设立章程、成立理事会和监事会，明确分工，加强社员监督，防止内部人控制。四是建立内部风险防范机制。建立贷款审批和财务管理制度，规范财务和会计行为。要确立合理的农民贷款利率，防止高利率放贷，增加农民负担。要建立风险拨备制度，避免将盈余全部分红，建立财务上可持续发展机制。

3. 营造农村合作金融组织发展的外部制度环境

一是明确注册登记的基本条件和主管部门。制定出台农村信用合作组织的登记办法。建议对于具有准金融属性的各类资金互助组织进行统一登记，并交省级政府统一管理。二是建立与农村正规金融机构的发展衔接机制。目前，依托农民专业合作社设立的农民资金互助社存在"同涝同旱"现象，因其生产周期大致相同，如蔬菜合作社，互助金供给和需求的周期性相当严重，为此，可鼓励农民资金互助社与正规金融机构实现资金的有效对接，既可以解决农民季节性的资金需求，又可以借助农民资金互助社的筛选功能，将其资金借给了信用较高，且有农民资金互助社担保的农户，更利于正规金融机构的信贷安全。另外，农民资金互助社无须设立门面，只需在正规金融机构开立账户，这既能借助正规金融机构已有的支付平台，也能减少农民资金互助社的运营成本，避免资金运用风险。三是明确由地方政府负责农村合作金融组织的统一监管工作。可考虑参照小额贷款公司的监管模式，由省级政府指定一个部门具体负责，出台因地制宜的实施意见、扶持政策和培训规划，并由省级政府引导市、县级政府具体细化和落实监督职责，对农村信用合作组织的理事、监事和会计等管理人员，加强金融会计知识培训和业务指导。各省级人民政府负责承担最终风险处置的责任和义务。

附件 1
关于荷兰合作银行发展的对话

对话人物：

Nout Wellink（原中国银行董事，曾任荷兰中央银行执行委员会委员近 30 年）；汪小亚（博士，清华大学中国农村研究院学术委员）

翻译：李旭英（高级经理），**记录：**唐诗博士后

对话地点：北京，2018 年 6 月 18 日

一、面对这次金融危机，合作银行比商业银行表现得更好吗

汪博士：欧洲合作银行协会（EACB），以 29 个欧洲国家的合作银行为研究样本，发现欧洲合作银行在 2008 年国际金融危机后，相对商业银行表现出更好的经营业绩和发展态势。

Wellink：2008 年国际金融危机后，开始阶段欧洲合作银行发展较好，但由于合作银行也有房贷业务，当房市按揭出现问题后，合作银行也受到影响，后期也没有保持住前期那样的发展态势。但还是得肯定，合作银行抗风险的弹性比商业银行要大。

20 世纪 80 年代，我初入荷兰中央银行，当时 Rabobank（荷兰合作银行）和现在的 Rabobank 不一样。20 世纪 80 年代，Rabobank 使用真正的合作银行机制，当地的成员选举当地的董事会、监事会等，管理层对于当地情况比较了解，该机制运行很好。

二、合作银行有地域或范围概念吗

汪博士：荷兰合作银行的合作范围限于当地吗？中国目前有关合作金融或资金互助的政策比较强调"社区性"，如在本村或镇，这些要求体现出在"熟人社会"的基础上，更利于实现信用合作和民主管理。

Wellink：初始阶段，荷兰的合作金融也有类似的地域概念，如村庄（village）。但当地范围不是固定化的概念，要结合对当地的熟悉和掌握程度划分，比较有弹性。在初始阶段，合作金融的管理者不是银行家，合作组织的经营方式主要以熟人和信用为基础来互助合作。到了第二阶段，每个合作组织成为独立的银行，生意和借贷需求更加多样化，而要管理银行的业务，这时的农民就要变成企业家，因为管理模式随之发生变化，需要合格的银行家进驻合作银行内部来参与管理。

三、合作银行的内部管理与外部监管

汪博士：合作金融的原则是社员民主管理，而现在合作银行的管理者，是社员内部选拔产生的还是社员以外聘请的专家？另外，监管当局如何监管合作银行，与商业银行有不同吗？

Wellink：现在的合作银行的管理者产生应该是多种方式吧。因为合作银行的业务越来越复杂，需要专业人员参与管理。

我更想谈谈监管问题。对 Rabobank 的监管有一个发展过程。一开始，监管部门无法一一监管众多的地方合作银行，就选择只监管合作银行的总行，给予合作银行总行更多权限；再由总行来管理各地方行。但是，由于合作银行地方行属于独立法人，往往不遵循合作银行总行的管理。正因为这种法律性质的特殊性，合作银行总行不能有效管理控制合作银行地方行。后来，监管部门逐步加强对合作银行地方行的管理，地方行董事任免等都要经过监管部门审批；同时，在加强监管的环境下，合作银行总行逐渐加强对地方行的控制。

总之，最近，荷兰合作银行有些新变化，一是 Rabobank 的发展历史，从纯粹的合作银行到逐步发展业务和组织复杂的银行，监管也从管理合作银行总行发展到管理合作银行地方成员行。二是 Rabobank 走向国际过程中，受到其他国家不同文化的影响，运营并不是很成功。

四、荷兰合作银行始终保持合作性质吗

汪博士：从诞生到现在，Rabobank 是否依旧保持其合作性质？而中国合作金融能不能发展还存在疑问。中国是城乡二元经济体制，农村中农民很难得到贷款。宏观上，中国的政策方向是政策性、商业性、合作性银行共同服务农村。但是，目前，中国农村的合作性质的金融机构几乎消失，而农村自发发起了众多非正规合作组织，监管部门无法对这些非正规组织进行有效管理。关于合作金融在中国的前途问题，存在较大争议：一种观点认为中国做不了合作银行；另一种观点认为合作金融在欧洲长期存在，现在还有生命力，中国应该在借鉴中培育和发展合作金融。

Wellink：Rabobank 诞生的动因是农民一开始得不到贷款。农民选择合作社的原因：一是合作社对成员的信息了解更多；二是成员行之间相互担保的机制。

我比较认同合作银行的这种管理模式，其实商业银行也需要了解客户和熟悉当地情况，否则会产生信贷风险。初期，合作银行业务简单、较好控制；后期，合作银行业务复杂，不好控制。但从总体来看，该种管理模式也存在争议。2008 年国际金融危机之前，欧洲银行一度出现合并风潮，荷兰合作银行也曾希望改变公司性质，转变成商业银行，但最终未改变公司性质。反而在国际金融危机后，公众也希望荷兰合作银行保持原有性质。

五、保持合作银行的关键因素之一是社会关系比较稳定

Wellink：合作金融是社会发展到特定阶段和特定区域的产物，可能只存在某个阶段。合作金融的起因之一是当地成员对当地社会比较了解，也就是熟人社会。但是，中国农村的面积较大和人口众多，再加上当今中国农村地区的人口流动性较大，导致人与人之间不再有足够的了解，这种不稳定性，也导致合

作金融制度可能无法继续保持下去。其实，经济社会发展到某一阶段，农民往城里走，社会发展潮流往前走，传统合作金融制度所需要的根基可能没有了。中国的人口流动性大，特别是农村社会关系不稳定，可能是合作金融难以发展的重要制约因素。

汪博士：关于合作的阶段性问题，您说得有道理。合作金融形成的根本原因是对当地和社区的了解。这里又有疑问，为什么德国乃至欧洲合作金融都存在百年历史这么长时间？欧洲经济社会在这百年间也发生较大变化，欧洲农村地区也不是稳定不变的。

Wellink：随着时间变迁，目前，欧洲合作银行的合作性质也逐步被弱化，服务的成员和监管规则都在变化。合作银行的合作性质已经发生变化，合作银行和当地的黏合性不像初始阶段那么强，商业性已经变强。

但相对于中国而言，欧洲乡村社区相对稳定。以我自己的家族为例，我的家族五百年来大移动了一次，16 世纪我的家在德国边境线上，19 世纪爷爷那代就全家移民到荷兰。

六、合作银行与商业银行，为何使用同一套监管指标

汪博士：合作银行和商业银行不一样，如合作银行因为特殊性质不能上市，合作银行和商业银行应该实施不同的监管规则，但为何目前使用同一套监管指标，如资本充足率等？

Wellink：这通常是两方面的原因，一方面，现在乃至未来合作银行的合作性质会越来越减弱；另一方面，受大欧洲概念的影响，金融监管通常采用统一制度，无法进行细分。

按理合作银行的监管规则应该不同于商业银行，因为合作银行对当地比较熟悉，且合作银行间存在互相担保机制。但是，合作银行在经营过程中也存在着管理层自身贪婪导致地方合作银行破产的现象，这些问题和现象的存在导致其他地方合作银行就无意进行相互担保了。因此，监管部门就认为合作银行也需要按照商业银行的监管规则进行监督。

但近几年又有新变化。以前大家普遍观点认为随着时间的推移，合作银行

的合作性质消失了。但是，这次金融危机以后，大家的观点发生转变。认为这次国际金融危机就是源于商业银行的贪婪，商业银行在逐利最大化的过程中，产生众多的金融衍生品，各个层级和机构都想获得利益最大化，导致金融链条崩塌，发生系统性风险。因此，国际金融危机以后，大家又表达出另外一种声音，考虑银行须更多考虑大众利益，不能纯粹追逐股东利益最大化，而这一点恰恰是合作银行的优势。因此，金融监管部门对合作银行和商业银行，未来是否还采取同一种监管制度，仍是一个未解决的问题和挑战。

附件 2

2017 年欧洲合作银行概述

汉斯·格罗恩韦尔德（Hans Groeneveld）

近年来，欧洲合作银行的外部定位和市场绩效客观上偏离了其他所有制结构的银行。这一报告呼吁决策者和监管者在欧洲银行业规模、所有权结构、业务方向和风险状况方面促进健康的异质性水平。最近的历史表明，万花筒般的银行业能降低激烈市场中断的风险。

1 关于欧洲合作银行协会和 TIAS 商学院的引言

连续三年，荷兰 TIAS 商学院得到了位于布鲁塞尔的欧洲合作银行协会支持，为企业和社会发布欧洲合作银行整体业绩概述。自 1970 年以来，欧洲合作银行代表、发起以及维护其 28 个成员机构的共同利益。

该概述考察了在迅速变化和具有挑战性的外部环境下合作银行的关键指标，并将合作银行的业绩与近年来所有其他银行的业绩进行了比较，此外，报告主张维护银行业不同的所有权结构。根据标准的银行业绩指标，可以客观地得出结论：与其他组织形式的银行相比，经济和金融发展对合作银行的影响是不同的。几乎每一年，它们的平均表现都不同于集体银行系统。我们认为，这些发现可以主要归因于其成员的治理，如果银行的商业模式和目标各不相同，它们就不会受到同一方式和同一程度的扭曲。由此推论，监管机构应鼓励多元化，促进面向银行的业务，以支持国内的中小企业和家庭。

我们由衷希望本报告能提升政策和学术认识：一方面阐明组织多样性的明显联系，另一方面明确银行业的稳定和竞争之间的联系。如果政策制定者认识到这一事实，这将有助于我们估量银行业未来的格局。

2 执行摘要

这本描述性的出版刊物在一系列选择指标的基础上，着力于2015年最新获得的数据，回顾了18家合作银行在欧洲13个国家整体业绩的发展，并将其平均业绩与同一国家整个银行业的业绩相比。

外部环境对所有银行都提出了许多挑战，欧洲经济出现复苏迹象，但仍存在许多不确定性。此外，零售银行的业务模式，尤其是合作银行，受到货币当局降低利率政策的影响而使得利率下降到历史最低点，变为负值。这对其长期后果可能是深远的，因为合作银行在很大程度上依赖于利息收入的净利息收入。监管成本的增加以及在位者和新玩家的竞争给他们的净利润带来了额外的压力。因此，银行面对这些挑战的显著反应是：削减成本、运用保守的风险政策、提高产品和服务虚拟化的效率。

在这些动荡的市场条件下，合作银行设法使其会员数量在2015年从160万扩大到将近8 000万，会员人口比例为19.2，而2014年为18.9。随着欧洲合作银行长期会员的增长，在过去的5年里，平均国内贷款市场份额上升了1.1个百分点，上升至22.3%；存款市场份额上升了0.5个百分点，上升至21.9%；分行的市场份额上升了2.3个百分点，达到31.5%，这源于所有其他银行关闭了更多分行，合作银行的分支网络密度体现了它们对当地社区会员和客户"亲密度"的重视。

合作银行的分支机构数量相对庞大，但这并没有造成结构性的高成本收入比（CI比），相反，自2011年以来，它们的平均效率水平和整个银行业的水平相比高低交替。2015年，两者的比值实际上非常接近，大大低于几年前的水平。2011年以来合作银行实现的成本效率收益是由不同的因素造成的。在银行业的不断合并，即本地银行的合并和裁员，部分解释了其平均成本收入比从2011

年的 65.5 改善到 2015 年的 61.4。

合作银行和整个银行业资产负债表的差异在 2015 年继续存在。合作银行的资产总额保持稳定，而其他所有银行的资产总额缩水了近 2%。在经济温和复苏的情形下，两类银行的贷款组合相较于 2014 年扩大了 2.7%，其中合作银行存款增长了 5.8%，而其他银行的存款比增加了 3.6%。在 2011 年 100 个索引资产负债表中，合作银行和整个银行业之间的分散性更为明显。自 2011 年以来，其他银行的资产总额和零售贷款都有所收缩，而在合作银行中则有所增长，此外，其他银行的存款扩张（10%）吸引了眼球。这反映了它们自 2011 年以来对零售资金强依赖性的战略转变，使其存贷比由 2008 年 1.2 的峰值下降到 2015 年略高于 1 的水平，对合作银行而言，这一比率自 2004 年以来一直徘徊在 1 左右。

从长期来看，合作银行的平均净资产收益率（ROE）优于其他所有银行，在较长时期内也表现出更稳定的模式。这可能是因为合作银行更多地参与零售银行业务，特别是 2015 年其他所有银行整体盈利能力的改善，2015 年两类银行的平均净资产收益率都等于 6%，而这通常与收入的有限波动有关。尽管如此，人们对银行未来盈利能力的预期仍然黯淡。最后，银行资本头寸进一步改善，有助于提升资本充足水平和降低风险加权资产，合作银行和整个银行业的平均一级资本充足率提高了 1 个百分点，分别为 14.5 和 14.3。

从较长的时间来看，就许多财务指标而言，比如就业率增长、分支网络的发展、一级资本充足率和股本回报率等，合作银行集团总能从许多银行体系中脱颖而出。然而，我们的分析指出，近年来这两类银行集团的指标趋同，虽然听起来有些投机，不排除监管力量推动银行做出类似的选择（即使二者有不同的所有制结构）。例如，调查显示，很多银行都"规划"扩大其零售业务，增加规模和数字化业务，这可能对金融稳定有特殊影响。因为银行业（系统）的强制一致性最终可能导致金融脆弱性。

3 合作银行的主要特征

合作银行历史悠久，有着共同的基本原则，它们是由会员管理的私人机构，会员是自愿的，向本地或地区合作银行的客户开放。成员与合作银行有多方面的关系，他们同时拥有业主、客户、主管和利益相关者（社区成员），并且其他组织形式的银行不能复制这个成员中心。当选会员代表在合作社银行集团的地方和中央治理机构任职，合作决策过程具有自下而上的性质，而商业银行一般采用自上而下的管理方式，成员或其代表在很大程度上决定了本组织的战略方针，一般以"一人一票"原则为基础。

合作银行在分散的附属银行网络（同一品牌下）运作，主要由留存收益、会员股和零售存款在当地筹集资金，它们致力于当地服务，并对当地成员负责。在大多数情况下，地方/区域合作的地方银行集体设立一个集团性实体，即协会、合作社或公司，在内部，他们建立了体制框架和团结机制，如机构保护计划，以维持其结构稳定。

利润不是合作银行的最终目标，而是积累资本、吸收冲击、投资和创新的手段。为实现其成员的社会目标，还需要利润，换言之，合作银行是"双重底线"组织。基于这些共同特征，可以预期合作银行与股东拥有的银行有不同的方向、业务模式和（财务）业绩。该文章旨在阐明后一个问题。

在合作银行业内，存在相当大的多样性和异质性。如图1所示，合作银行资产规模相差很大，分散的资产规模反映了合作银行集团之间的许多其他差异。例如，规模较大的合作银行集团一般都是本国重要的系统性银行，通常在本组织的合作部门之外有大量的国际业务和/或相当大的集团实体，其会员基础和国内市场份额一般都比较大；规模较小的合作银行集团主要集中在本国市场，他们通常有相当有限的外国活动和中等的国内市场份额，从监督的角度来看，后一组属于不太重要的机构类别。个别合作银行集团的另一个差异涉及内部整合和合并的程度，此外，个人合作银行集团的治理和资本结构因规模而异。从这一简短的分析中得出的结论是，我们无法对每一个合作银行集团一概而论，特别是从监管和监督的角度来看，因此，对合作银行集团运用有区别的监管和监督方法是必要的。

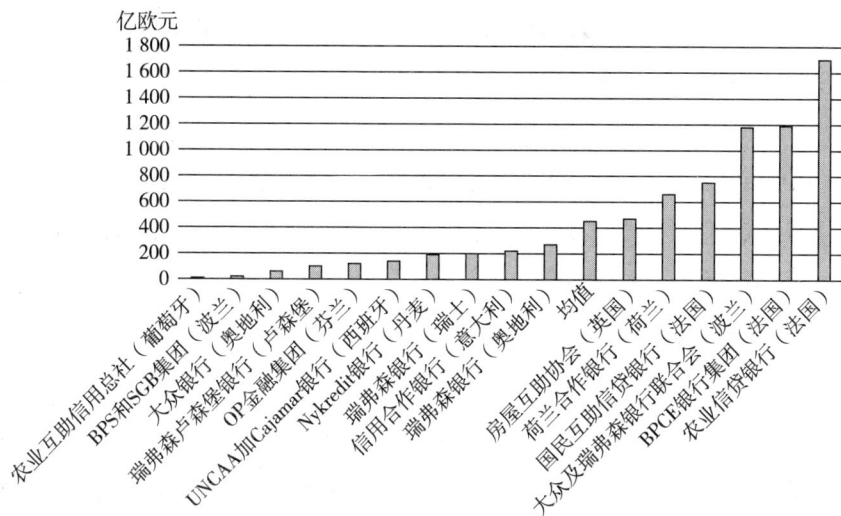

图 1　欧洲合作银行集团的总资产（2015）

注：①这些数据涉及整个合作银行集团，除去局部 / 区域的合作银行的资产负债表，总资产负债表包括国内子公司，中央机构和国外业务（如果存在）。对波兰来说，数据限制使得无法区分两个波兰合作银行集团（BPS 和 SGB）。

②本图作者要求使用原图。

（资料来源：TIAS 和 EACB 数据收集整理）

4　样本和数据描述

与以前版本的概述相比，合作银行集团的数量增加了三至十八个，此外，意大利的 Banche Popolari（BP 合作银行）从样本中移出，这是因为意大利政府法令的出台使得最大的 BP 合作银行被转化为公共有限公司。2014 年，它们在各零售银行业的整体国内市场占有率约为 20%，意大利的合作银行仍在样本中。另一方面，样本扩大到卢森堡、波兰和英国的成员国金融机构。对于后一个国家而言，房屋信贷互助社纳入了样本。①

因此，本书的汇总数据与之前的数据不具有可比较性，但是，目前版本中

---

① 从技术上讲，房屋信贷互助社是互助组织而不是银行。它们不提供全方位的银行服务。然而，合作银行和房屋信贷互助社都属于利益相关者金融机构的一部分。

每个指标的报告时间序列完全一致。对于每一年，已计算的数据汇总和平均变量是用金融合作社同一人口数据计算的，重点合作和个人合作银行集团财务指标数据收集由 TIAS 商学院完成。① 在大多数情况下，个人数据来自公共来源或是由 TIAS 商学院整理。对于一些合作银行集团，TIAS 商学院通过合并不同的数据源来近似特定的指标。此外，还需要对各种资产负债表项目（如贷款、存款、股本）进行分类，以便获得欧洲合作银行集团的可比数据。事实上，合作银行的会计惯例和术语以及披露的细节等似乎也有点不同。

这一概述覆盖了比以前报告更多的国家银行系统，样本扩展到卢森堡、波兰和英国的银行业，这一更广泛的国家范围丰富了样本的分析。由于停止对一些国家的数据发布，各国银行业的一些时间序列从不同的来源获取（如各国监管当局、欧盟、欧洲中央银行、国际货币基金组织和世界银行）。如有必要，TIAS 商学院已调整了损坏的数据。②

本书着重于合作银行的总体，而不会格外关注个别合作银行集团。在适当情况下，将其合并数据与本国各银行部门的汇总数据进行对比。有人可能会问，这种做法是否是彻底的方法论，因为合作银行处于不同的外部环境，在银行业也面临不同的条件。我们认为，分析的有效性不会因合作银行的外部环境不同而受到损害，原因是每个合作银行集团的业绩都是相对而言的，其汇总和平均关键指标与本国所有其他银行的指标进行了比较。由于所有其他银行的活动都是在相同的外部环境中执行的，所以我们的方法在聚合级别上进行了精确的比较。因此，我们能够调查整个欧洲合作银行部门是否与整个银行体系有着明显的不同。

在本报告中，重点在于可量化的业绩指标，然而，任何合作银行的业绩不能仅仅依靠定量指标或硬性数据来评估。由于它们"双重底线"的做法，使用金融变量来比较合作银行和其他银行也是不合适的。除了这些条件，"表现"

① 对于样本中的非欧元区国家，所有项目都按报告表日的汇率换算成欧元。

② 为了测试计算的稳健性，我们已计算出选定的指标，它们的定义和 / 或替代数据来源略有不同。这一测算表明，正在评审的变量的开发模式对选定的数据库和应用定义不敏感。

有很多方面的概念：顾客满意度、顾客对银行利率的感知程度、提供银行网络知识的渠道、人际关系的稳定性及持续性、对环境和当地社区的感知 / 关注，等等。

出于对这些问题的考虑，本报告将介绍一些标准的银行业绩指标，我们必须在广泛的潜在指标中作出选择。在对银行业绩的外部和内部决定因素作了简短和一般性讨论之后，我们着重讨论了一个关键的合作指标：成员基础的演变。下一节列出本地 / 区域合作银行、国内分行和雇员的数目，然后，将欧洲合作银行的资产负债表特征与所有其他银行的资产负债表特征进行了对比，国内市场份额的变动在逻辑上与这些资产负债表的发展有关。最后，将对合作银行的盈利能力、资本化和效率措施进行审查，并与整个银行部门进行比较。

5 外部环境与内部因素

如前一节所述，合作银行的业绩包括许多方面。图 2 显示了决定银行业绩各个维度相互联系的重要因素，可以区分为外部环境和内部因素。个人银行的外部环境主要是外生的，内部因素涉及治理、创新、业务和分销模型的设计和运作，以及其他事项。在图 2 中，我们构想了合作银行如期运作所必需的动力和挑战环境。

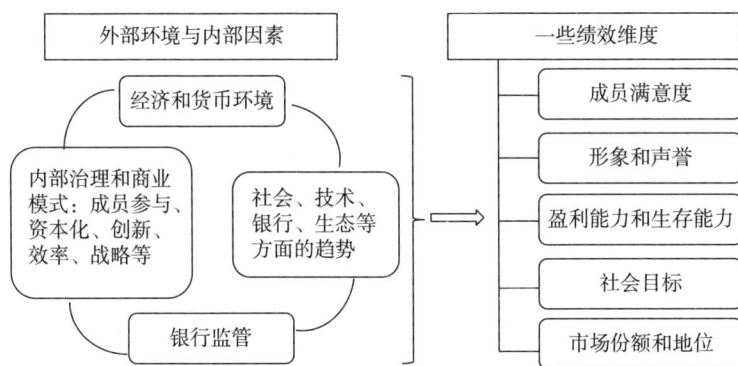

图 2 内、外部因素与银行绩效

（资料来源：TIAS）

在过去的十年中（2006—2015 年），任何合作银行整体财务表现的评估报告都考虑到高度分化的宏观环境（见图 3）。在过去几年中，欧洲经济的缓慢增长引起了人们的注意。2015 年，在报告涉及的十三个国家中，平均经济增长率不到 2%，国家经济增长差异仍然很大。芬兰的 GDP 增长率仅为 0.2%，而卢森堡的经济增长了近 5%。低能源价格和中央银行非常宽松的货币政策，二者能增加工业生产和贸易，但这种效果被全球政治的不确定性和中国经济增长放缓抵消了。平均失业率继续下降到 9% 左右使我们看到了一线曙光，因此，消费者信心和消费支出也适度增加。与经济增长一样，各国的劳动力市场状况也不尽相同。在西班牙，2015 年间失业率下降了近 3%，但仍超过 20%；相比之下，德国的失业率为 5%。平均而言，政府预算略有改善。

　　货币政策也塑造了有利的环境，对包括合作银行在内的零售银行的业绩产生了重大影响。目前的超扩张性货币政策是前所未有的，并逐渐对许多零售银行的资产负债表构成和盈利能力产生不利影响。这种低利率政策最终可能危及零售银行和合作银行的生存能力，特别是，它们无法因此调整自己的商业模式以迅速抵消其零售银行业务利息收入的下降或者提高自身的成本效率。调整或多样化商业模式对复杂机构和较小且不太复杂的、只有几条业务条线的银行二者来说都是一个复杂且昂贵的过程。此外，对商业模式的强制修正实际上可能与合作银行为会员服务的主要目的相冲突，甚至可能导致合作银行误入歧途。

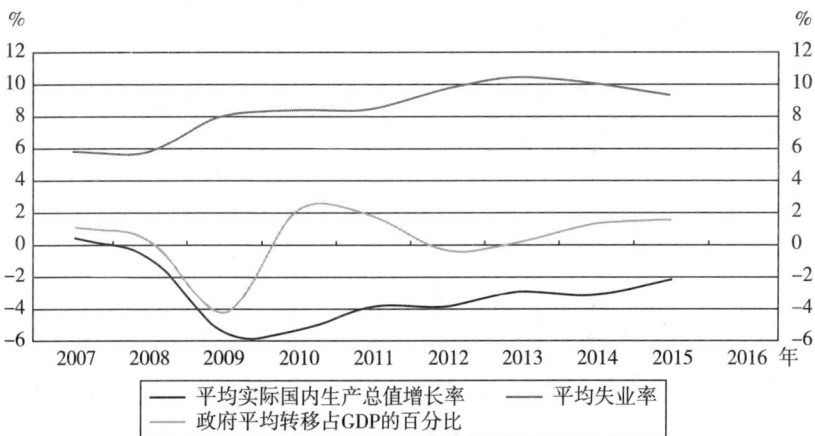

图 3　十三个欧洲国家主要经济变量的发展（平均数）

（资料来源：TIAS 根据欧盟统计局和欧盟委员会数据计算得出。这些线条代表了十个欧洲国家所显示变量的平均值）

从监管的角度来看，最近合作银行的有利环境也发生了根本性的变化。首先，遵守法规、监管成本以及资本和流动性要求在大金融危机后大幅上升，但这些因素对银行盈利能力构成额外压力。2015 年也是单一监督机制（SSM）开始运作并在欧元区建立的第一年，SSM 为协调整个欧元区的监督奠定了基础。这给合作银行带来了挑战，例如内部网络安排和治理结构，这些特点与合资公司的显著偏离。矛盾的是，监管成本的上升使合作银行的内部资本产生能力复杂化，因为它们严重依赖留存盈余来巩固其资本缓冲，这是同一监管机构和监管者所要求的。这种"合规性成本风险"特别适用于合规成本将危及其生存能力的中小型合作银行。

银行业的新进入者和竞争对手，如金融科技初创企业，也威胁着收入和迫使现任银行实施效率项目和降低成本，同时金融科技刺激创新并加快银行转型。产品和服务的数字化是银行业的又一强劲驱动力，为适应这一趋势，需要投入大量资金，但这也会使得会员和客户之间的关系从物理接触过渡为虚拟接触的性质。最后，虚拟产品的价格和质量以及个人看法是顾客满意和银行业绩的关键组成部分。

关于内部因素，治理结构和决策机制的设计以及实际运作是影响总体业绩的重要因素，各种各样的合作方式及银行层面都与上述两个因素有关。这关乎会员政策、成员参与及介入、本地银行在社区和网络的参与、地方自治等。从银行业的角度来看，诸如敏捷性、创新性、效率、产品、服务的价格和质量以及最后但同样重要的因素——财务可行性和内部资本建设能力影响着银行的整体业绩。

6 成员

成员及其当选代表是一个不可或缺的资产，实际上体现了合作社银行的合法性。主要是由于社会的趋势，除英国建筑协会外的强制性会员制在许多年前已经废除。现在，大多数合作社银行也为大量的非成员服务。成员数量的增加可能是由于不胜枚举的因素：财务效益、无形的优势、品牌亲和力、产品和服务的满意度、社会目标、合作捐款等。事实上，这一切都关乎"感知成员价值"。

图 4 显示了自 1997 年以来的成员数量和成员人口比率。会员人数平均每年增长 2%，[1] 会员总数从 1997 年的 5 500 万人增加到 2015 年的近 8 000 万人。2015 年，欧洲合作银行迎来了 160 万个新成员。

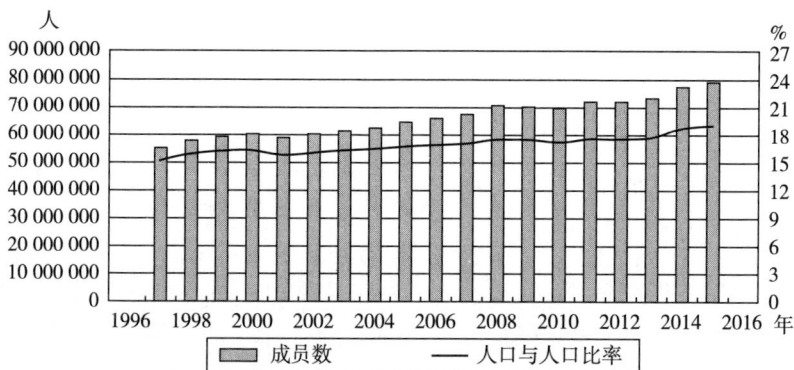

图 4　成员数和成员与人口之比

（资料来源：TIAS 基于合作银行集团和国家人口统计的数据计算得出）

成员的增长一直在超越人口的增长，人口与人口比率的上升趋势证明了这一点。这个比率从 1997 年的 15.3 上升到 2015 年的 19.1。换言之，此报告涵盖的欧洲国家中，几乎每五个居民中就有一个目前是合作社银行的成员，这增加了合作银行客户的信任和信心。事实上，如果信任度和满意度低的话，客户大概不太愿意成为本地合作银行的会员。

7　本地银行、分行和雇员人数

根据整体银行业市场结构的发展情况，合作银行延长了合并进程。驱动因素是成本控制、去杠杆化和重组的压力越来越大。独立的地区或区域合作银行的数量继续逐年下降，2015 年下降了 2.3%，下降到 3 345，分行数目也下降了 1.4%，至 55 235。与往年一样，相较于其他银行，合作银行以更温和的速度减

---

[1] 不考虑英国的建筑协会，这个数字为 2.6 %。自 1997 年以来，许多英国房屋信贷互助社已股份化或被引起样本中合作银行成员下降的其他银行所收购（其他条件相同的情况下）。

少其在当地的有形存在。自 2011 年以来，合作银行关闭了约 3.5% 的分行，而其他银行则减少了近 11% 的银行网点。我们认为，这种差异可以部分地解释为合作银行特定的企业导向和分销理念，与会员和客户的密切关系被视为维持和加强与当地社区密切联系的必要条件。

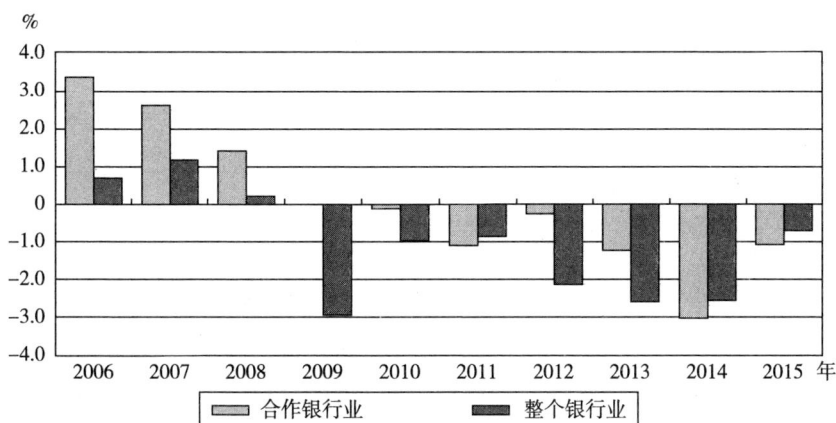

图 5　就业变化（2006—2015 年）

（资料来源：TIAS 商学院基于合作银行、各国监管当局、中央银行的数据计算得出）

我们已经整理了 2006—2015 年所有合作银行和整个银行业的就业数据，在图 5 的整个样本中，除了 2008 年国际金融危机标志着所有银行的转折点外，不同就业模式的差异很明显。就在国际金融危机来临之前，合作银行的就业增长超过了银行业的总就业率。2009 年，所有其他银行的员工减少了近 3%，而合作银行的就业保持稳定。较为可信的是，由于非合作银行更加关注非零售银行业务活动，所以它们的处境在危机之下更为堪忧，贸易、手续费和佣金收入骤降，相关活动中雇用的工作人员部分被解雇。自 2010 年以来，所有银行的员工平均人数都在下降。可以看到，2012 年和 2013 年，整个银行部门的职员人数比合作银行的职员强得多。在 2014 年和 2015 年，情况正好相反。看来，合作银行目前正在适应上述外部环境的挑战和变化。

今天，整个银行业的银行雇员比 2008 年减少约 12%，而合作银行雇员比 2008 年少了 7%。我们相信随着时间的推移，就业的下降趋势很可能会持续下去，这是由于很多力量的相互作用，如零售银行业竞争的加剧、虚拟化的产品和服务、接受国家援助的银行重组计划中规定的条件、减少风险银行领域的业务、外国业务的紧缩以及不断提升成本效率的诉求等。

8 资产负债表的发展

表 1 反映了 2012—2015 年合作银行及整个银行业（合作银行除外）的资产负债表数据。合作银行和其他银行的资产负债表发展明显受到周期性和结构性因素的影响。在 2012 年，合作银行的总资产（TA_{COOP}）仍然呈现温和增长，增长率达 1.3% 左右，而银行业的资产（TA_{EBS}）萎缩 0.7 个百分点。在 2013 年，合作银行的总资产也有所降低，这从历史的角度来看是相当让人感到意外的。但是，这种下降与银行业的总资产暴跌约 9.5 个百分点相比是相当温和的。后者的发展是一些国家银行进行重组以及很多银行对经营模式反思的结果。2014年，尽管增长率大幅度分化，但资产增长迅速恢复。合作银行的总资产增长了 5.3 个百分点，而银行业的总资产飙升 8.8 个百分点。在最近的一年，合作银行总资产保持不变，而银行业总资产减少了近 2 个百分点。因此，在这段时间内前者波动比后者强得多。这一发现充分说明了合作银行的不同行为和商业模式。

表 1 资产、贷款和存款发展

项目	2012 年		2013 年		2014 年		2015 年		2011 年 =100	
	合作银行	银行业	合作银行	银行业	合作银行	银行业	合作银行	银行业	合作银行	银行业
总资产	1.3%	−0.7%	−2.9%	−9.4%	5.3%	8.8%	0	−1.8%	103	96
贷款	1.7%	0.1%	−0.1%	−4.2%	3.1%	0.6%	2.7%	2.7%	108	99
存款	3.2%	1.9%	0.7%	0.7%	4.2%	3.6%	5.9%	3.8%	115	110

资料来源：TIAS 基于合作银行、欧洲央行和各国监管当局或中央银行的数据计算得出。

注：合作银行及银行业分别代表 13 个欧洲国家的合作银行集团及整个银行业，而银行业数据排除了合作银行的数据。贷款指贷款总额及向非金融私营部门的垫款。零售存款指非金融私营部门的所有存款和储蓄。在仔细检查资产负债表项目后，我们试图使用个别银行及整个银行系统的"贷款"和"存款"的可比定义。由于我们每年都使用相同的定义，所以数据的一致性得到了保证。

关于合作银行贷款（LOAN$_{COOP}$）及整个银行业贷款（LOAN$_{EBS}$），出现了一种相当类似的模式。在样本的大部分年份中，合作银行贷款的变化较银行业变化更为显著。在 2012 年，合作银行的贷款增加而银行业的贷款几乎维持不变。2013 年，合作银行受连续的经济金融动荡的影响，贷款组合小幅降低，这个微小的下降与整个银行业贷款超过 4 个百分点的下降形成鲜明对比。2014 年，合作银行贷款的增长远大于银行业的贷款增长，只有在 2015 年，二者的增长率相等。

除了 2013 年，合作银行存款增长（DEP$_{COOP}$）均超过了整个银行体系（DEP$_{EBS}$）的存款扩张，也可以得出结论，贷款资金已转向向所有银行提供存款融资。在表中每年的记录中，存款增长超过了贷款扩张（收缩）。

在表 1 中最后一栏，2011 年，总资产、贷款和存款的指数为 100，这些数字从另一个角度揭示了合作银行和整个银行业之间的结构性差异。合作银行的总资产和贷款均高于 2011 年的数值，而银行业真实的总资产和贷款均比 2011 年的数值低。欧洲投资基金发现了类似的结果，并得出结论：这反映了合作银行履行为实体经济融资的承诺。2011 年，合作银行和整个银行业的存款都有增加，前者涨幅更大。自 2011 年以来，存款和信贷扩张之间的正差距部分反映了银行由于新的监管要求和批发资金成本的增加而导致的对批发资金来源的偏好下降。后者的发展导致了存贷比的稳步下降，基本数据显示，在 2015 年，合作银行和整个银行业的平均存贷比分别下降到 0.97、1.03。

9　国内市场份额

自 2011 年以来，合作银行在零售贷款和零售储蓄方面平均国内市场份额分别增加了 1.1% 和 0.5%，总的来说，合作银行服务于本国零售银行市场的五分之一以上。基础数据表明，每个合作银行集团在这一时期都获得了贷款市场份额。对于存款市场份额，这幅图未明确指出。在本报告所述期间，三分之二的合作银行集团赢得了一些存款市场份额。为了减少对批发资金的依赖，玩家们的存款竞争更加激烈，这大概是我们样本中五家合作银行集团存款市场份额下降的原因之一。

表2　合作银行集团平均国内市场份额

单位：%

项目	2011 年	2012 年	2013 年	2014 年	2015 年	百分比变化（2011—2015 年）
贷款	21.2	21.5	21.8	22.1	22.3	+1.1
存款	21.4	21.9	22.1	21.9	21.9	+0.5
分行	29.1	29.6	30.7	31.4	31.5	+2.3

资料来源：TIAS 商学院基于合作银行（见脚注1），欧洲央行和各国监管当局的数据计算得出。

在整个时间跨度内，合作银行的分行市场份额显著上升。虽然合作银行合计关闭了 2 000 多家分行，但其他银行更大程度地限制了其地域覆盖范围，大约关闭了 20 000 家分行。

10　财务指标

本节用三个常用指标来评估银行财务表现。这些变量显然是相互关联的，下文将讨论这些变量。

10.1　资本化

2008 年国际金融危机表明，资产较少的银行更容易倒闭或需要国家支持。从那时起，监管要求变得更加严格，以防止这种危机再次发生。这些改革既提高了监管资本基础的质量和数量，又提高了资本框架的风险覆盖率，资本缓冲大大加强了可见风险加权资产。推动了银行资本充足率的增加，即衡量银行资本除以风险加权资产总额（RWA）的指标。

图 6 表明，2011 年，合作银行平均一级资本充足率明显高于整个银行业。这与先前的研究相一致，即合作银行在金融大危机之前和之后都实现了资本总额的提升。许多其他银行因受到新规及平均风险加权资产过高的约束而增加资本。自 2012 年以来，合作银行和银行业间一级资本充足率的差距也随之缩小。

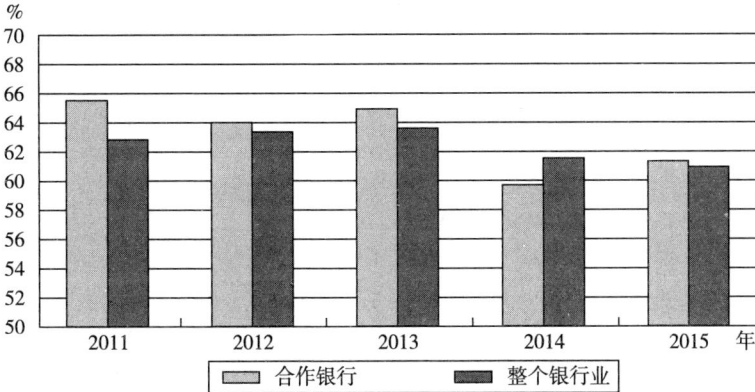

图 6 合作银行集团和整个银行业的平均一级资本充足率

注：并非所有合作银行集团都报告一级资本充足率。为了确保整个报告样本的一致性，我们在卢森堡和西班牙的合作银行集团和整个银行业中使用了权益资产比率，即杠杆率的倒数，根据定义，我们的资产与资产比率低于一级资本充足率。然而，对整个银行系统的合作银行的总体比较仍然是准确的。

（资料来源：TIAS 基于合作银行集团，国家的监管当局，以及欧洲央行的数据计算得出）

2015 年，银行业的应变能力进一步改善。合作银行和整个银行业都能将平均一级资本充足率提高近 1%，至 14.5% 左右。欧洲央行把这种现象归因于相当多的银行对安全资产增加更高的资本缓冲、降低风险、调整投资组合。应当指出的是，合作银行资本或权益的构成和产生过程与上市银行不同。上市银行的股权包括大量的流动股票，而合作银行则主要依靠成员股和留存利润来实现资本化。

10.2 股本回报率

股本回报率（此后的净资产收益率）是衡量盈利能力的常用指标，其通常被定义为净收入除以权益账面价值（或资本和储备）。银行的 ROE 可以通过两种方式来调整：一种是通过改变净收入，另一种是运用或多或少的股权操作。图 7 显示了 2002—2015 年合作银行（ROE_{COOP}）和国家银行业（ROE_{EBS}）的净资产收益率，这一时期经历了经济繁荣、金融稳定、经济萧条及金融危机。

从图 7 中可以得出各种推论。总的来说，危机前整个非合作银行的盈利水平受高杠杆和依赖相当廉价批发资金的推动，以及在一些情况下，风险敞口上升，如房地产贷款和证券化风险敞口，以创造收入。在经济繁荣的时代，合作银行的 ROE 大幅超过银行业整体水平。危机爆发时，"其他所有银行"的类别均遭到严重打击，一些陷入困境的银行需要政府援助才能生存，甚至破产。政府支持的条件迫使幸存的银行将商业模式转向传统的银行活动，缩减其在风险领域的活动，并减少其杠杆作用和过度依赖批发资金来源。

自危机以来，银行行为、监管框架和外部环境的变化导致金融行业业绩恶化。2008 年，ROE 两位数的时代突然结束。值得注意的是，整个银行业的ROE 水平比合作银行下降得更为明显。可以肯定地说，这种分散主要是由于合作银行更注重零售业务，这由成员所有权决定。零售银行业务通常风险较小，且收入波动较轻。此外，这场危机引发了许多银行重新转向零售银行业务，预计这一趋势将在今后几年继续下去。许多机构和分析师也认为银行业周期性和结构性因素的长期盈利能力不佳，两位数的 ROE 再现是不现实的。事实上，银行资产负债表必须包含更高质量的资本，这将改善银行的吸收损失能力，但会抑制净资产收益率。此外，监管机构不会允许银行从事过度的冒险活动，以提高净收益。

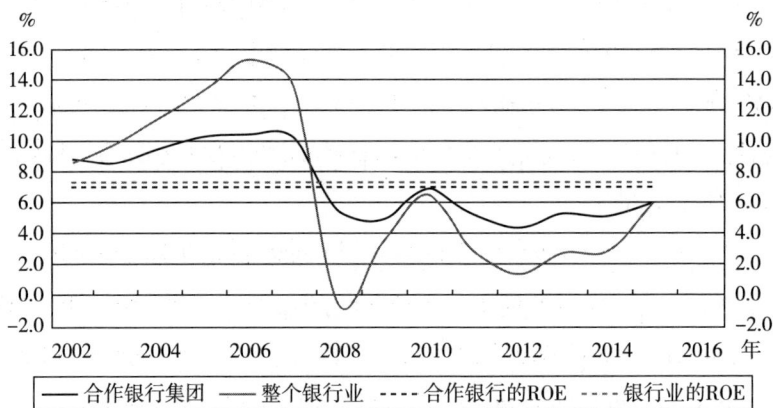

图7 合作银行集团和整个银行业的股本回报率

（资料来源：TIAS 基于合作银行集团、各国监管当局、欧洲央行和世界银行的数据计算得出）

值得注意的另一点是，从图 7 中可以看出，合作银行的 ROE 较银行业的ROE 来说，表现出更低的波动性，这再次表明了合作银行零售业务的定位。在整个样本中，合作银行的平均 ROE（7.2）超过银行业的平均 ROE（6.9），自

2008 年以来，合作银行的 ROE 已全面高于银行业的 ROE。2015 年，两者的 ROE 是 6 左右。从 2012 年开始，银行业的 ROE 显著改善，部分归因于持续出台防范风险的规定，使得许多银行开始清理自己的资产负债表，并谨慎对待新的风险，此外，还与运营成本下降、分支网络的合理化和人数减少有关。

10.3 效率

银行效率的代名词是成本收入比，定义为净业务成本除以净营业收入。较高的成本收入比意味着较低的效率，反之亦然。基于日益增长的分行市场份额，人们可能会猜想合作银行的这一比率表现不好。事实上，维护相当密集的分支网络是非常昂贵的。

图 8 证实了这一猜想。2011 年，合作银行集团只有相对高的净资产负债率。在 2012 年和 2013 年，合作银行与整个银行业成本收入相比没有统计学上的差异。2014 年，情况较以往不同，合作银行的运营效率更高。2015 年，成本收入比率再次相同，约为 61%。图 8 还揭示了银行合理化调整的影响，自 2011 年以来，成本收入比出现明显下降。

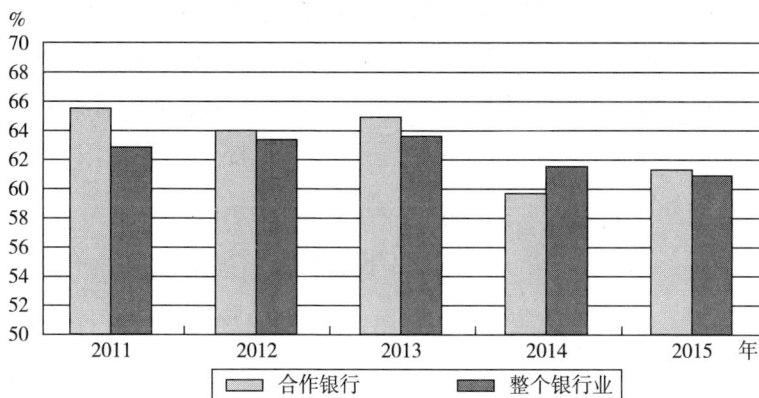

图 8　合作银行集团和整个银行业的成本收入比

（资料来源：TIAS 基于合作银行集团、欧洲中央银行和瑞士国家银行的数据计算得出）

11　总结注意事项

由于经济环境低迷、利率水平较低，银行的盈利前景看起来十分疲弱。更严格的资本要求、不断飙升的监管成本和快速的技术创新将给盈利带来额外压力。金融分析师和监管机构坚称，周期性和结构性挑战将促使银行在不久的将来通过重组计划或调整业务模式，以降低整体成本水平。这将对主要依赖净利息收入的合作银行带来特殊的挑战，净利息收入即存款客户支付的金额和借款人支付贷款的差额。由于利率一直走低，这种收入流受到了相当大的挤压。

股权结构对银行内部动力和经营导向产生影响。如果成员代表能够对合作银行经理施加惩戒性影响，并制定战略方针，可以预期到它们的外部导向和市场业绩与其他所有制结构的银行相背离。例如，上市银行主要由匿名业主（股东）的需求驱动，以股息形式定期向其投资的个人提供回报。他们的商业模式的变化主要来自外部投资者的市场压力。关键是不同的所有制结构阻碍了银行业的单调发展。银行业过于统一，使银行业容易受到同样方式和同样程度的冲击，即系统稳定性受到破坏。

因此，政策制定者和监管者应避免采取最终导致商业模式、治理结构和银行规模呈强趋同趋势的措施，多样性很容易被破坏，却很难再生。银行业的生态多样性被边缘化会对竞争和稳定造成不利影响，它还可能导致社会某些客户、企业或经济部门遭到疏忽或排斥。最近的历史已经证明，万花筒般的银行业降低了激烈市场中断的风险。因此，这些专业团体在规模、所有制结构、业务方向和风险简介方面都要着力于打造一种健康的异质性，这是一个巨大的责任。这需要对不同类别的银行产生真正的兴趣并保持不偏不倚的态度。必须承认，（经济、监管、监督）效率、金融稳定和竞争三者之间存在着复杂的权衡。

附件 3

通往合作银行的道路

汉斯·格罗恩韦尔德（Hans Groeneveld）

前　言

自从 120 年前荷兰建立了第一家合作银行后，拉博银行实施了一项历史性的决定——改变治理结构。从 2016 年 1 月 1 日起，所有 106 个本地成员银行和荷兰拉博银行中央机构将组成一家合作社，一块银行牌照和一张财务报表。经过密集且略显情绪化的讨论后，地方会员理事会一致同意所有拟议的治理模式变化。会员理事会对新的治理结构和与该决定有关的内部规章制度充满信心。

随着社会和银行业的发展，银行对过去的治理进行了频繁的调整。然而，最近的这一决定肯定标志着拉博银行（荷兰合作银行）一段较长历史的结束，同时，这一刻也标志着银行新的开始。通过这一举措，我们可以保护和更新组织的合作根基。

这本书中，Hans Groeneveld 提到了在拉博银行治理及组织演变过程中的历史性决策，强调了演化过程、内部过程和实施步骤的考虑，以及新治理模式的主要特征。报告阐述了我们的会员的影响和控制将如何在地方基层和集团层面上继续得到稳固的夯实。在现在和未来的荷兰银行业和社会，我们会员的观点仍将决定拉博银行的具体性质。

Dirk Duijzer

拉博银行治理事务董事

2016 年 1 月

通往合作银行的道路 [①]

1 引言

自 1895 年荷兰第一家信用合作社成立以来，拉博银行的管理体制经历了多次调整。2015 年 12 月，地方会员委员会通过了一项有基础性意义的决定：他们决定合并所有的本地合作银行和中央合作组织（拉博银行）为一家合作社，使用同一块银行牌照。在地方一级提出这项决议的一周后，地方合作银行在拉博银行的例会上也通过了这项决议。自 2016 年开始拉博银行将披露一张合并资产负债表和损益表。在这项管理体制的影响下，拉博银行在合作银行界表现突出。欧洲所有其他合作银行集团都在基层设有独立的地方合作银行。

本文从传播的角度概述了拉博银行管理体制的演化过程，如外部利益相关者和其他银行合作集团。本章分为两个相互独立的部分，并可以分别阅读。第一部分（第 2 节）呈现了一种按时间顺序介绍拉博银行管理体制演化过程中的重大事件和决定因素。这一节重点介绍了拉博银行历史长河中背后的争议和重大管理结构改变所带来的启示。这个简短的概述，表明治理机构的变化是依赖于具体时间和路径的，即依赖于连续的步骤，遵循或领先于社会和银行的大趋势。随着时间的推移，诸多背后因素塑造了拉博银行的管理体制或商业模式。这也解释了拉博银行的管理体制在各个方面不同于欧洲其他所有合作银行集团的原因。

本文的第二部分着重介绍了新治理模式的背景和主要特点，第 3 节准确定位了真正引发治理大辩论的过去及最近的治理发展和其他因素，广泛地描述了

[①] 如果您有其他问题或需要进一步的信息，请与拉博银行联系（Prof. Dr. Hans Groeneveld，拉博银行治理事务董事，电子邮箱：hans.groeneveld@rabobank.nl，电话：+31 30 2131400）。特别鸣谢公司历史学家 Joke Mooij，先生及高级法律顾问 Van den Heuvel 女士对之前草案的建议性评论。

内部过程和对新治理结构的搜寻。第 4 节概述了新的治理模式在非技术和非法律语境情况下的主体和特点，第 5 节包含一些结论性意见。

2 管理史上的转折点

拉博银行的管理结构并不是静态的，而是不断变化的。历史上，其管理结构受三个主要相互联系因素的影响：

ⅰ.战略（重新）考虑；

ⅱ.社会和银行业趋势；

ⅲ.银行监管。

如表 1 和表 2 所示，在拉博银行管理变革的关键节点上，我们可清楚地辨别这三种驱动力。在这些数字中，每个时期在各个方面都明显不同于上一个时期。下面，我们集中讨论在上述三种催化因素的范围内，对每个时间段的治理产生重大影响的方面。

1895—1951 年

第一家农业合作银行（boerenleenbanken，地方合作银行，简称 LCBs）是 19 世纪末农业危机的回应。这些合作银行的建立是为了给小农户和租户提供信贷，他们一般无法获得传统城市金融机构提供的信贷设施。LCB 根据德国的 Raiffeisen 系统为蓝本，每个 LCB 是一个独立的法律实体，拥有有限地理位置的工作区，实行自我管理，自担维持财政平衡和自有账户的责任。LCB 是由收银员在其家庭办公室运营的，收银员只能得到微薄的薪水，其任务包括接收和分发资金以及簿记和信件。最初，收银员的工作是兼职工作。在 20 世纪，收银员的活动发展成专职职业，并遵循着越来越严格的监管和监督要求。

每个 LCB 初步实行会员之间团结一致的原则，所有会员承担的所有债务都有无限责任，以防银行面临严重的财政问题。换言之，存在金融互惠。这种无限责任有助于对潜在债务人的信誉进行严格的评估。严格的准入制度、小范围的工作场所以及对当地情况的深入了解，降低了会员的信用风险。存款人没有必要成为会员，会员无须利用 LCB 来购买会员股票，尽管在当时的欧洲，几乎所有的其他合作银行都存在这种做法。[①] 相反，会员们决定保留已实现的年度盈余。自那时起，这种资本化政策得到了应用。这意味着会员确实拥有资本和储备，但出于对会员和客户未来利益的考虑并没有向个人会员重新分配净利润，此特性见于所有后续的关联文章中。

表 1　荷兰合作银行的历史时刻：1895—2006 年

• 开始和发展信用合作社 • 为社员的财务融资 • 利润全保留和社员责任制 • 成立合作社中央机构（CCB 和 CCRB） •CCRB 和 CCB 的中央监督 • 经济和金融危机	• CCRB 和 CCB 被外部监督者授权监督 • 非社员服务 • 经济架构的改变： • 增大比例 • 转账支付业务 • 房屋贷款	• 将 CCB 和 CCRB 合并入荷兰合作银行 • 中心治理结构包括中央集权和地区议会 • 社员制度开放到个人 • 第一个国际业务 • 国内业务拓宽	• 交叉担保机制 • 内部补偿制 • 有限责任 • 信用评级 • 国际扩张 • 荷兰全金融服务 • 为国内和国外发展提供外部融资	• 精彩的合作辩论 • 荷兰合作银行（国际）建立 • 废止社员责任制 • 合伙制，地方银行可以选择行政制 • 混合资本工具和成员证明发行 • 中央治理结构的采用 • 服务虚拟化

	1895 年	1952 年	1971 年	1979 年	1995 年	2006 年
社员数量		310 000 个	677 000 个	950 000 个	595 000 个	1 638 000 个
本地银行数量		1 320 家	1 202 家	978 家	547 家	174 家
集团总资产		20 亿欧元	110 亿欧元	280 亿欧元	1 350 亿欧元	5 700 亿欧元

资料来源：合作银行。

[①] 为了改善当地的生活条件，合作银行将部分盈余用于社会和慈善目的。这一原则在今天的拉博银行仍然适用。通过荷兰的地方合作基金和拉博银行基金会，大约 3% 的净利润被用于在社会上进行投资，该基金会还支持在新兴和发展中国家建立和发展农业合作社。

1898 年初，LCB 实施一项对内部治理框架有长久持续性影响的"战略性"步骤。他们通过建立两个中央合作组织的形式开始一起工作，分别是位于该国北部乌德勒支的 CCRB，以及位于该国南部埃因霍温的 CCB。CCRB 通常有非宗教地位，而 CCB 有天主教背景，由此出现了双层合作结构。从治理的角度来看，LCB 作为 CCRB 或 CCB 的成员和所有者在做重大决定时有最终话语权。正如地方一级的成员一样，各成员银行选举了中央银行的董事会和监事会。与地方一级相反的是，LCB 因资助这些组织从而在各自的中央机构有股份。

中央银行不仅有助于克服地方银行规模有限的缺点，而且可通过"银行的银行"的协调作用，促进其发展；它们还担任内部控制或审计机构以及 LCB 指示中心。相比于商业银行，早在 1952 年第一届荷兰的信用制度监督法案颁布之前，LCB 就有了广泛的网络监督结构。这一内部制度是自愿承担的，是为了全体会员的利益而建立的。一家特定 LCB 的潜在问题可能会损害其他 LCB 的声誉，必须不惜一切代价避免这种情况的发生，所以建立了内部保障和高度团结。

在最初的几十年里，LCB 的数量大幅上涨。较好地利用当地信息、未将利润最大化作为主要驱动力，以及低管理成本等要素，使得 LCB 提供廉价信贷和有吸引力的存款利率。LCB 成为成功的储蓄银行，地方一级的超额储蓄转移到中央机构以支持 LCB 额外资金的短暂需求，或者其投资政府债券的资金需求。

这一时期还包括 20 世纪 20 年代、30 年代的危机，这两个时期中央合作社加大了监督力度。它们特别注意后期还款或过度的信贷增长等可能危及 LCB 流动性状况的指标。其目的是限制 LCB、整个行业的风险，以及最后却最重要的是担负全责成员的风险。自 1932 年起，中央机构全面地削减 LCB 所有的信用活动，任何形式的信贷供应都必须经过中央批准程序，LCB 遭受相当大的损失并面临存款下降的危险。然而，20 世纪 30 年代，LCB 的数量非但没有减少反而增加了。

1952—1971 年

依照第一个关于信贷制度监督的荷兰法案，1953 年被视为由荷兰中央银行（DNB）进行金融监管的开始。法律规定 DNB 可以将部分监管委托于 LCB

的中央合作社。由于在那期间，具有独立法律地位的 LCB 数量庞大（1955 年 LCB 的数量达到峰值 1 324 家），且没有一家独立的 LCB 破产，DNB 很乐意地准备将部分监管责任委托给 LCB，中央机构在监管活动上执行 DNB 所发布的指令。实际上，这意味着针对性维护 LCB 的偿付能力和流动性这一现有规章制度的延续，这一决定遵从了 LCB 系统的历史发展规律。

自 20 世纪 60 年代以来，由于信息技术和社会发展，银行的作用发生了重大变化。工资支付开始转移，因此荷兰家庭在银行开设活期账户。这一发展也为个人将储蓄存入银行提供了一条新的途径，同时，由于政府的刺激措施，业主自用住房的普及率也在上升。银行能够利用不断增长的存款基础来满足日益增长的住房抵押贷款需求，这些发展促使 LCB 开始向大量非会员的个人提供服务。在这期间，自然农业在 LCB 所占的比重减少，客户群的同质性降低。后者的发展在一定程度上使治理的运作复杂化，因为不同的客户群体的利益并不总是完全一致的。

1972—1979 年

自荷兰的第一个 LCB 成立以来，LCB 的数量在 1955 年达到峰值 1 324 家，20 世纪 70 年代开始，仍然在 1 200 家左右。庞大数量的 LCB 也是为什么 1972 年 12 月两个原中央机构合并为一家荷兰中央银行（拉博银行，简称 RN）的原因。[①] 在过去几十年中，这两个组织的工作领域已变得极为重叠，合并为 LCB，将结束办事处的泛滥和防止由于组织间日益激烈竞争而导致的效率低下。合并的第二个原因是荷兰社会的世俗化，埃因霍温天主教组织和正式中立的乌德勒支组织失去了理论意义之间的差异。第三个原因与 20 世纪 60 年代开始的各种经济部门合并的强劲趋势有关。贸易和工业对资本有着巨大的需求，这引发了银行业的进一步集中。由于规模扩大和合并增加，合作社需要追加资本，如若没有合并，乌德勒支和埃因霍温的两个中央组织通过传统投资方式在未来为日益壮大规模的公司融资变得极为困难。

---

① "G.A." 代表修改责任，它的共同名字变成了拉博银行，这个名字是基于两个中央组织名字的前两个字母命名的。

RN 现在是 LCB 的中心合作社。之前，LCB 是 RN 会员业主因此在 RN 的治理中发挥重要作用。RN 的核心目标是服务其成员，即 LCB 提供一定的物质需要，从而有效地拥有和控制。LCB 还为 RN 提供了资本。如果 RN 的净利润是足够的，LCB 就接受他们投资上回报，即红利。在中央治理方面，LCB 的作用是固定且正式地依附于地区议会和中央代表大会而发挥的，前者的建立是为了使 LCB 掌控同一地区社会和经济问题的讨论。通过地区议会，它们可以协调针对特定区域挑战的共同策略或交换关于最优做法的观点和信息。

合并的战略决策在很大程度上决定了整个集团的治理和业务模式的演变。合并最终降低了成本，并为获得国内市场份额提供了有利的投资规模，有效地为新兴的大众市场和新经济部门等提供贷款金融零售产品。不久，出台了第一个国际化目标。[①] 此外，RN "继承" 了这一责任，在发挥 LCB 代表监督职责的同时确保 LCB 满足当时的资本充足率和流动性规定，DNB 在综合考量的基础上监管 RN 的偿付能力和流动性。[②] 经济上和组织上，LCB 和 RN 形成一组，但 LCB 有自己的银行牌照和地方董事会，董事会成员以 "一人一票" 的原则当选议员。

1980—1995 年

1978 年，制定了一项有关信贷制度监督的新荷兰法案。基于积极的经验，如果治理符合 DNB 的新要求，则 RN 被允许保留 LCB 委派的监督作用。[③] 首先，RN 的执行委员会需要拥有法律权力以便确保对 LCB 的管理问题可执行指令。此外，需要正式的交叉担保体系。它应该包含以下规定：RN 的承诺和附属机

---

① 事后看来，我们可以得出这样的结论：银行通过试错发现最好适合自身的国际战略。到目前为止，追寻当地的国外客户和聚焦于农业相关的核心能力是拉博银行进行国际化活动的基本原则。

② 这是欧洲合作银行领域的一个相当独特的安排。在大多数国家和地方银行受到中央或联邦机构的监控，因为它们通过机构保护计划相互连接。然而，它们也受到外部银行的监管。

③ 拉博银行的这一特别监管制度被纳入欧洲联盟关于资本金要求规定的第 10 条规则，以及资本要求指令 IV 的第 21 条规则。根据这一规则，个别的 LCB 被免除了大量的审慎性要求的应用，但这些要求必须在综合水平内。因此，第 10 条准则要求监管者在单独水平上放弃履行一定的审慎监管要求，并专注于综合水平。

构（LCB 和一些荷兰子公司）进行联合，以及连带债务和附属机构得到 RN 的保证。这一机制规定了如果参与实体没有足够的手段履行其对债权人的义务，所有其他与会者都将补充该实体的资金，以便它能够履行这些义务，所有的参与者投保一个名为"互助保险银行"的独立法人。所有参加者都是名为"互助保险银行"独立法人的投保人。实际上，交叉担保计划从未被激活过，这主要是由于 LCB 内部薪酬安排的存在（见图 1）。由于 RN 执行这些计划，它总是立即用它们来减轻已识别 LCB 个体的股本、盈利能力、贷款损失准备金、营运及融资亏损，这些内部的金融协议和结算程序由其他 LCB 资助。由于接近集团实体之间的相互联系和内部安排，拉博银行一直大力整合合作银行集团。在某种意义上，拉博银行集团起着"共治协议"的作用，而集团总部一直超过各个部分的总和。此功能是多年来评级机构授予拉博银行高信贷评级的一个重要原因。

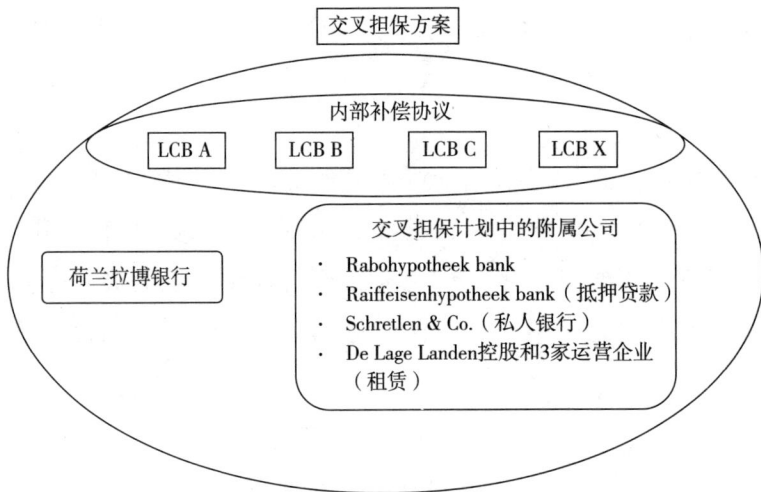

图 1　补偿协议和交叉担保计划

（资料来源：合作银行）

在金融服务放松管制和自由化浪潮的推动下，活动的集中化和规模优势的创造使这一时期的其他金融领域实现了多样化和扩张。荷兰通过 Allfinance 这一策略，为国内扩张提供了额外的动力。1991 年互助保险公司的合并标志着这一阶段的开始。若干年后，拉博银行进入私人银行、租赁、资产管理等领域。所有这些发展反映了受信息和通信技术革命发展的刺激，出现了更广泛的个性化趋势，需要定制更多解决方案。在国际上，拉博银行通过并购或进入农业部门相关的特定国际金融产品市场，来扩展到各个领域，集中支持功能也有助于推出虚拟分发概念。总的来说，该银行发展成为一个全能银行机构，向客户和成员提供全方位的金融服务。

这一时期的另一个特点是 LCB 的数量从 978 家大幅下降到 547 家，实际上，这种下降在后期仍在继续。下降主要归因于客户对分销渠道偏好的改变、信息技术的发展、较大的均质经济地区有较大的 LCB，以及效率方面的考虑。自 1990 年以来，处于 LCB 工作区的公司规模的增加也加速了合并进程。增长是必不可少的，以便能够从风险的角度为这些不断扩张的公司提供服务。除此之外，创建能够为日益复杂的（国际）金融需求服务的专家队伍，这也需要更大的规模。从治理的角度来看，无论是从字面意义还是从象征意义来看，这一网络整合都扩大了会员和 LCB 间的距离，在内部治理中减少了成员代表的总数。所以该组织面临的困境是如何保持足够的会员加入并参与到治理机构中，此外，这使得 LCB 在当地领土上表达合作身份也变得更加困难。

1969—2006 年

1996 年"拉博国际"（RL）成立。有了 RL 后，所有国际活动都是在一个组织实体中进行的，这一组织实体在部分国内合作社银行拥有很大程度的自治权。发展国际业务这一战略责任由 RN 执行局转移到新成立的管理委员会。目标很高：例如，RL 很快就试图在伦敦建立一个大型投资银行部门，雄心勃勃的目标主要是基于这样的信念：因当时的 AAA 评级，银行将成为广泛衍生品交易的可靠对手。仅仅几年之后，投资银行部门就大幅缩减了。投资银行家们的野心没有与拉博银行适度风险预测和文化相吻合。此外，投资银行大量奖金相关的薪酬结构与拉博银行的文化相掣肘。与大众看法相反，总的来说，20 世纪 90 年代进入投资银行业务这一冒险行为产生了净利润。这导致了更高的支出，但这些都被相应的较高收入抵销了。然而，在当时拉博国际的银行领域确实发生了重大损失，尽管拉博银行并未完全放弃投资银行。这些活动增强了拉博银行的知识和能力，因此，各投资银行的活动一直保持在可接受的成本和风险限额内。

大约在 19 世纪 90 年代中期，传统的资金来源被证明不足以资助扩大的国家和国际活动范围。与此同时，由于私人家庭以及企业对抵押贷款的需求增加，荷兰的信贷增长急剧加快。图 2 中可以看到这种快速的资产负债表扩张。然而，传统的资金来源——地方储蓄和存款——的增长与信贷需求激增和国际扩张不相适应，相应地出现了存款缺口。① 该项战略决策是为了适应这种信贷需求，并通过利用国际资本市场的资金进一步扩大国外业务。这种发展对治理产生影响，因为在国际债券市场上，拉博银行是"上市"公司。对批发资金的依赖与额外的报告和透明度的要求密切相关。这一步意味着放弃合作原则的纯粹自我融资。

几年后，留存利润不足以维持所需的偿付能力比率，通过净利润保留的资本增长滞后于信贷和贷款增长。② 银行不得不寻找更多的优质资金来源。在 1999 年，拉博银行集团首次选择通过发行金融工具来开发金融市场，以加强其资本和偿付能力。此外，拉博银行集团在 2000 年、2001 年、2002 年、2005 年发行会员证书。这些证书的目的是双重的，它们一方面必须改善（一级核心）资本头寸，另一方面是一个排他性的会员产品。③

---

① 在国际上，这种存款缺口是相当独特的。存款赤字部分是由荷兰相对较小的"自由"储蓄市场造成的。私人储蓄中相当大的一部分涉及荷兰养老基金的合同储蓄，这些基金是世界上最富有和最大的。

② 注意，后来的会员群始终坚持对 LCB 初始会员通过留存收益来投资银行的决定。目前的会员是业主也是资金的托管人。

③ 大约 150 000 名会员购买了这些证书。这些会员证书的收益率比最近十年荷兰政府债券的利息高出 1.5 个百分点。会员证书没有上市，并在会员内部市场进行交易。这一特点导致了有限的可交易性。会员证书的期限是无限期的，收益率取决于集团是否盈利。

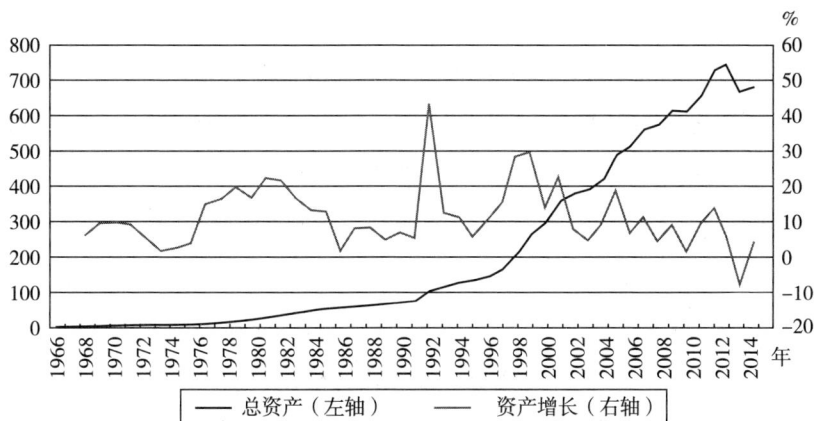

图 2　总资产和资产增长（1966—2014 年）

（资料来源：合作银行）

稳定的国内扩张、拉博国际的建立、LCB 间的合并以及由此引发的国内大型竞争对手的出现，催生了基本的自我评估，这一行为在 1995—1997 年的合作大辩论中达到极点。自从两个中央组织合并后，人们的看法是合作哲学受到了相当大的侵蚀，会员人数从 1970 年的 950 000 人下降到 1999 年的 510 000 人。LCB 的行为和操作更像是一家私人银行。在这样的背景下，有些人认为，银行同样可以成为上市银行，这可以为银行提供更好的增长前景和获得更多的资金来源来应对日益增加的竞争。附加论据是增加成本和适应新的信息技术需要大规模投资。

虽然对继续合作银行模式的内部怀疑者仍占少数，但他们实际上指出了一些高度相关的问题，如有关经济全球化背景下会员资格的意义，以及成熟金融体系中合作模式的附加价值。经过激烈的辩论，最重要的决定是保持合作的身份。人们认为，法律地位的改变会产生未知的和潜在的风险影响，并会削弱会员与管理合作银行集团的专业人士日常商业决策的抗衡力量。有人认为在私人银行中，有机会建立一个具有临界数量级的强可行性和强有力的合作银行。这样具有独特商业模式和理念的银行将丰富银行业格局，从而促进银行业的多样化。由于合作银行扎根于社会，具有存在的合法性，人们认为它可以吸引更多的会员加入并扩大 LCB 的自主权。因此，会员基数在 2000 年之后有了显著的增长。

合作大辩论的另一个成果是彻底废除会员责任。有观点认为，这种责任只是虚拟；会员从未被要求履行责任的义务，正如没有 LCB 曾破产一样。这一步正式决定了拉博银行从会员信用合作转为客户合作。

在 90 年代末期，日益复杂的银行业和更严格的银行监管使得对地方治理进行调整成为必要。LCB 的董事会结构有了变化：一个专业的银行家，即一个 LCB 的总经理，被列入董事会。这种调整标志着"伙伴关系模式"的引入。几年后，LCB 也选择了双层治理结构，称为执行模型。该模式由董事会成员（银行专业人员）和地方监事会组成，由成员选举产生。有了这个模型，当选的董事会就消失了。专业管理委员会的指定成员对银行和合作社的治理负有集体责任。监事会不再在一臂范围内运作，不仅评估业务政策，而且评估成员政策的设计和执行。这种模式与企业模式非常相似。在执行模式中，董事会负责中央治理机构中成员的代表权，直接成员的影响通过地方成员理事会被间接成员的影响取代。2010 年，每一个 LCB 都运用了执行模型。①

LCB 数量的持续减少完成了对区域议会和中央代表大会（CDA）组成的调整。在 2006 年，区域数量从 20 个减少到 12 个。2007 年初，CDA 的代表人数从 120 人减少到 72 人，尽管"当选"代表（地方监事会主席）与"指定"代表（地方董事会主席）的比例仍然是 2 比 1。近年来，CDA 的这一混合特征越来越被认为是妨碍内部治理的一个障碍。

2007—2014 年

这一时期的头几年，主要是受到金融危机的影响。在没有政府支持的情况下，拉博银行在 2007—2010 年的金融动荡中幸存了下来。2010 年，拉博银行甚至创下了历史上最高的净利润。然而，接下来的几年，拉博银行无法摆脱信贷危机和欧洲主权债务危机爆发的影响。金融世界的动荡促使银行监管和监督趋严。2014 年 11 月，欧洲成立了银行业联盟，并对包括拉博银行在内的具有

---

① 在这方面，LCB 的治理模式在欧洲已属独特。欧洲的所有其他地方合作银行目前都有一个一级董事会，即由选举产生的董事会成员和一个或多个银行专业人员组成。

系统重要性银行的监督从国家监管部门转至欧洲央行（ECB）。

　　在荷兰，整个银行业失去了可靠性的光环。此外，拉博国际（RL）在2013年底的伦敦银行间同业拆借利率中，卷入了"全球金融市场"的风波，拉博银行因此蒙受了名誉损失。关于后一个问题，拉博银行集团与各部门达成协议，同意在2013年10月对拉博银行的历史Libor提交程序进行调查，并与各机构达成了总计774亿欧元（合10亿美元）的财务和解协议。这在组织内外引起了巨大的骚动，并引发了广泛的组织变革。尽管LCB与这件事无关，但他们的声誉受损，许多地方委员会和监事会表达了他们的不满和失望。实际上，LCB与这桩丑闻有牵连，因为在公众眼中"拉博银行"的名字已经蒙羞。这些声誉传染效应凸显了作为荷兰合作银行在荷兰和海外遵循同一文化和相同行为标准的必要性。2013年底，该公司决定再次整合荷兰合作银行和国际荷兰合作银行。荷兰合作银行以及国际荷兰合作银行的名字被废除并由"拉博银行"取代。RN的职工董事会、部门以及RL被合并，一个全公司范围的文化项目被启动。为了清楚起见，避免混淆，我们还将在本书的其余部分中使用"RN"的缩写为中央合作组织。

表2　关于拉博合作银行（2007—2016年）决定性转折点的时间表

• 重新设立地方议会（从20个缩减为12个） • 重新设立中央授权制度从120个成员缩减为72个成员（比例为2:1） • 全球金融危机 • 荷兰银行业的剧烈动荡 • 在危机中仍然坚挺稳健	• 地方合作银行采用 Rabo 模型 • 直接的社员影响力通过社员理事会变为间接的影响力 • Libor 操纵案 • 荷兰合作银行（国际）和荷兰合作银行（荷兰）的合并	• 社员证明转换为登记注册的荷兰合作银行证明 • 欧洲银行业协会 • 精彩的公司治理辩论 • 一个合作社，一个银行营业执照 • 一个合并资产负债表 • 新的公司章程和内部规定 • 废除授权监管	
⟶	⟶	⟶	⟵ - - -
2007 年	2010 年	2014 年	2016 年
成员	1 801 000 个	1 959 000 个	…
拉博银行	141 家	113 家	…
总集团资产	6 530 亿欧元	6 810 亿欧元	…

2013 年 12 月，拉博银行表示有意提高会员证书的可交易性。2014 年 1 月，机构投资者可以获得这些证书。这一举措的部分原因在于，2013 年第四季度，国内市场的供应大幅增长。一个重要的原因是荷兰行为监管人的要求（自动执行的金融工具，AFM），LCB 必须引起所有证书持有者的注意：会员证书并不是无风险的储蓄产品，而应该被视为一种投资产品。AFM 还要求 LCB 建议每个证书持有者将其会员证书的份额限制在总投资组合的 20% 以内。

自 2014 年 1 月以来，这些证书被列为荷兰合作银行在阿姆斯特丹泛欧交易所的证书，并被视为没有投票权的核心一级资本。由于这些证书的收益与利润水平无关，并且证书持有者没有投票权，这种转换并没有影响"自下而上"治理的功能。

3　治理大辩论

第 2 部分已经或直白或隐喻地谈到了 2014 年 3 月开始的关于治理大辩论的主要触发器。然而，把所有因素按重要性排序是不可能的，因为它们是相互关联的。因此，下面对个别催化剂进行讨论。

重新考虑治理的一个重要因素是，在更加严格的全球银行业监管背景下，（荷兰）银行业的复杂性和近期的动荡加剧。这些发展导致了对地方监事会成员更严格的要求。为了符合条件，并能继续在地方一级执行监督任务，他们必须遵守所谓的"健康和适当的考试"，并每年获得若干"永久教育积分"。因此，近年来，地方监管者的数量变得相当的同质，如律师、会计师，甚至是其他银行的前雇员。其中 48 个地方监事会成员在 RN 的中央代表大会（CDA）中有席位。

上面提到的因素显然在地方和中央治理的运转上起了作用。在地方层面上，地方监管者的重点已经转向立法和监管问题（他们的正式监管角色），而对其他同等重要方面的关注，如保护合作关系，以及与当地社区建立联系等，都有所减少。考虑到对中央治理的影响，人们可以观察到近年来 CDA 议程上明显地聚焦于监管、技术和银行操作的话题上。然而，后一种问题尤其适用于其他 24 名来自地方议会的主席，即地方董事会主席。

发起治理大辩论另一个考虑的因素是，LCB 和 RN 在国内和国际上的共同抱负产生了一个强大的综合性银行集团，以及对外部资金的日益依赖。其结果是，随着时间的推移，RN 的任务和职责已经显著地扩展了。2015 年，RN 肩负以下责任：

1. 银行为集团的银行；

2. 支持 LCB（例如，产品开发、信息通信技术、营销人力资源、建议、指导等）；

3. 对集团战略的准备和执行的授权；

4. 控股公司（国际）国内子公司和自有的银行业务，这既是对 LCB 业务的补充，也是独立的；

5. 从 2014 年 11 月起，代表欧洲中央银行对当地合作银行进行委托监管（荷兰中央银行从 1953 年至 2014 年 10 月）。

高水平的整合以及 LCB 的法律独立性，也是治理讨论的催化剂。第一个原因是，多样化的监管问题以及日益复杂烦琐的内部规则和财务结算程序，导致了 LCB 和 RN 的审计和合规成本大幅上升，并在 2011 年之后引起了强烈的内部关注。RN 无论是作为中央服务提供商，还是最近作为代理监督，在清晰地向 LCB 传达上均有困难。由于民选的地方监管委员会不得不在更加严格监管的银行业中实行"内部监管"，这一事实进一步加剧了政府治理的晦涩。在金融危机之后，地方监管者的资格（健康的和适当的测试）得到了严格的限制。他们的关注点必然转向了对 LCB 的风险评估，这不利于与当地社区和会员委员会建立联系，并维护 LCB 的合作身份。此外，LCB 的一些地方性监管机构面临的内部管理问题既不能预防也不能治愈；这些问题部分是由于 RN 不同角色的不确定性造成的。无论如何，一些 LCB 在按时遵守有关客户尽职调查的规定方面遇到了困难。

一个相关因素是对混合的 CDA 的功能越来越不满。如前所述，CDA 议程主要是由专业银行或监管问题（与 RN 对 LCB 的支持和监督作用有关）主导，而战略合作主题，实际上构成了拉博银行的显著特征，仍然相对不足。许多 CDA 成员认为，CDA 越来越具有"决策工具"和政治机构的特征。当选的 CDA 成员的专业知识不够用，并缺乏自下而上的过程。

对治理进行修订的外部原因是监管的背景。荷兰中央银行和欧洲央行开始怀疑，该集团内部逐渐形成的高度整合，如何与"LCB"持久维护法律的独立性相一致。此外，许多LCB的管理问题也引起了外部监管的注意，因为他们认为RN通过LCB强化了（新的）外部立法和监管规则的能力。

很明显，小的治理调整不能解决上述问题。因此，2014年3月，执行委员会启动了一个内部治理委员会。这个委员会的主要任务是提出治理变化的建议，以解决已确定的问题。最终目的是建立一种未来的治理，这将有助于恢复和维护拉博银行内部和外部利益相关者之间的信任和信心，尤其是拉博银行之前的动荡时期。

治理委员会由四名地方监事会主席、四名地方董事会主席、来自RN的两个执行董事会成员及相关工作人员代表组成。制定了可能调整治理的严格标准。重新设计的结果是更好的合作和更好的银行。这些建议应充分遵循一个核心观念，即合作企业的方向和纪律只能来自其成员；一个合作公司没有外部股东，实际上是一个经济民主的行动。图3记录了治理修订的主要目标。

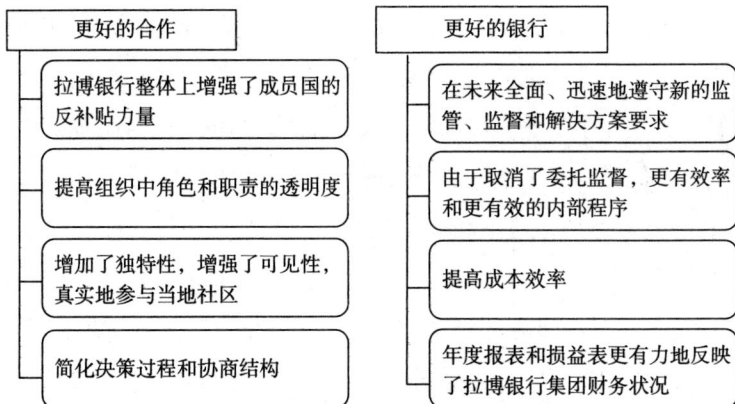

图3 治理修订的主要目标

（资料来源：合作银行）

自2014年3月以来，该委员会已多次召开会议。为了收集观点，同时通知许多内部利益相关者，举行了大量的圆桌讨论、信息会议、网络研讨会和全体会议。为了获得对可能的根本调整的支持，进行了许多与地方监督委员会和成员理事会的讨论和会议。逐步地，新结构的轮廓是在与许多利益相关者的反复密集的合作过程中制定的。在举行 CDA 会议之前，区域议会为了推进集体道路而采取了中间立场。这场辩论的关键因素是所有利益相关者之间的信任和信心。事实上，有关治理调整的初步建议的讨论有时是情绪化的。人们普遍认为，合作性质必须牢牢地固定在新的结构中。有人可能会说，1998 年的合作大辩论的结论确定了治理大辩论讨论的参考点和可接受结果的前提条件。

磋商和讨论最终使得所有利益相关方的观点和意见保持了一致。这一共同立场形成了修订章程和内部规则的基础，这些条款在 2015 年 9 月得到了 CDA 的批准。这些文件的草案已被精通该项目相关法律和经济的各成员代表和当地董事仔细审查，以确保新制定的检查和平衡符合会员制企业的原则。2015 年 12 月 2 日，LCB 公司全体成员一致通过了新的治理。一周后，大会还批准了合并为一家合作社。新结构已于 2016 年 1 月 1 日投入使用。治理委员会在 2016—2017 年将继续存在，以监测和评估新治理结构的功能，并为新管理的问题提供指导。

4 新治理结构的主要特征

LCB 和 RN 的法律合并产生了一个法律实体：荷兰合作银行（拉博银行）。LCB 将他们的股权投资到一个拉博银行。出于内部目的，每个 LCB 对总股本的资本贡献仍可追溯，并在一定程度上决定了新治理中的投票数。每个 LCB 的股权开发情况仍然可以在年度内部财务报告中反映出来。这次合并意味着前 LCB 的会员、客户和员工成为拉博银行的会员、客户和员工。

拉博银行有一张年度报表和一个银行执照，它是由地方银行分散经营的机构，其特点是由成员代表行使地方和中央反补贴权力。这些制约和平衡被牢固地锚定在新的章程和内部规则中。

图 4 显示了新设置中的治理主体，图中左边部分代表合作的核心，右边部分代表银行的核心，中间的圆圈代表合作社和银行的统一。下面将对新的治理主体以及新旧治理结构的主要区别进行广泛讨论。

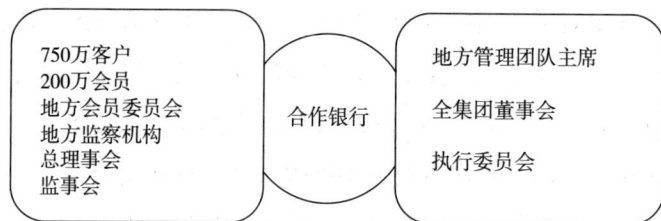

图 4 新治理结构：合作银行与银行的统一

（资料来源：合作银行）

4.1 合作的核心

荷兰地方银行的客户可以选择成为合作社的一员。在组织成员的法律意义上，章程和规则使用"会员部门"一词。在过去，会员通过当地的合作社自动与他们的 LCB 联系在一起。合并的结果是，所有会员都是同一家合作社的正式会员。然而，会员们仍然根据 2016 年前普遍存在的权利和义务与地方银行① 联系在一起。这是通过将会员划分为与当地银行相关的部门（国内银行业务组织）来实现的。在法律意义上，一个部门与地方银行不一样，但实际上它们是相互联系的。整个荷兰大约有 100 个会员部门。在每个部门内部，会员被看做"代表选举集会"。② 这些集会选出了由 30~50 个成员组成的地方议会成员委员会（从今以后的 LMC）成员，LMC 不再是"自动"赋予任务和职责的法律实体。LMC 确实有一个法定的状态③，它们的实际功能与旧的情况几乎没有什么不同。LMC 是地方管理团队（信号功能）的"眼睛和耳朵"，充当"争论的伙伴"的角色，最后但并非最不重要的是，有许多正式的任务和责任。后者包括：

---

① 使用这个术语可能有些令人困惑。在新的治理体制下，地方银行不再是独立的法律实体。因此，根据荷兰公司法律，部门的各会员、地方委员、地方监察委员会和地方管理团队的主席都没有正式的法律地位。然而，这些机构确实有法定的地位，也就是说，内部规则和规定描述了他们的任务和责任。

② "代表选举大会的模式规则"。

③ "地方银行规则"的第 4~ 第 11 条。

- 决定地方银行的合并或分立；
- 地方监察人的推荐、任免、停职、辞职；[①]
- 评估和评价当地监督机构的绩效；
- 评估和评价地方银行的服务质量和运营管理；
- 代表当地社区。LMC 在定义 LCB 在当地社会和合作基金分配中的社会角色方面有发言权。

第一，地方监督机构由 3~7 名成员组成，是相应部门的一部分。它不是合法的，而是法定的机构（见上页脚注 1）。地方监管者由他们任命并对他们的 LMC 负责。地方监管者必须是合作社的社员。与以前的情况相比，地方监察机构主席的职能和地位已经发生了根本性的变化。董事长在 LMC 中有治理角色。在以前的治理体制中，他只是充当了 LMC 的"技术"主席。在新结构中，董事长由 LMC 任命。第二，地方监督机构的每一位主席都在一般会员委员会（今后的 GMC）上代表其地方银行，GMC 是新治理结构中的最高决策主体。这意味着所有地方银行及其成员部门在 GMC 中（而不是以前的 CDA）体现。由于主席是由 LMC 任命的，所以他从 LMC 收集关于 GMC 议程相关项目的信息是合乎逻辑的。换句话说，LMC 和 GMC 之间的连接相当紧密。此外，主席必须有能力并且准备好向 LMC 汇报 GMC 的结果。此外，他还必须澄清自己对最终决策的贡献。重要的是要注意，主席在 GMC 中没有指导和磋商。他肯定会考虑到基层的观点，但不能强迫他有自己的观点。如果在 GMC 中有新的见解出现，在做出决定前，主席将不会征求当地基层的意见。

与旧的情况相比，由于合并为一家银行，以及与之相关联的委托监督，地方监管机构监督角色的实质发生了变化。然而，地方监管机构仍有重要的任务和责任，包括监督管理作用，[②] 以确保分散或局部的关注。这是通过执行委员

---

① 为了避免混淆，原地方监察委员会被重新命名为地方监察机构。地方银行的现任地方主管不是正式的和法律意义上的监管者，也就是说，他们不监管一个独立的法人实体。然而，他们的角色和职责来自内部规则和规章。

② "地方银行规则"的第 12 条。

会对地方监管机构的具体地方治理权力的委托实现的①，例如，雇用地方管理团队主席这一任务被下放给地方监督机构。地方监察机关有权任命、评估、罢免主席。董事长的潜在辞职是执行委员会的责任。换句话说，当地的监督机构充当主席的职能。地方监察机关批准的主要权力包括：（i）当地管理团队其他成员的任免、停职、辞职；（ii）具体的董事会决策；（iii）年度计划/预算；（iv）会员政策。

当地监督机构通过管理团队主席来监督执行战略和政策计划。这涉及对地方银行遵守外部法律法规、章程、"地方银行规则"以及拉博银行其他相关规则和决议的程度评估。当然，如果在遵守外部法律和法规方面存在缺陷，执行委员会（而不是当地的监督机构）则负责采取纠正措施。此外，地方监管者积极评价产品和服务的供应是否满足客户和会员的需要，并对管理团队主席在多大程度上履行"关注客户的长远利益，为本地区的可持续发展作出贡献"这一职责进行监督。②

地方监督机构和地方管理团队致力于通过 GMC 将地方制定的目标与集体商定的志向和目标相一致。如果不是这样，执行委员会和地方监管机构的监督作用就会产生冲突。这种情况需要交换意见，探讨是否可以就一种共同的方法达成共识，以弥合分歧和解决潜在问题。任何时候，执行委员会都可以撤销对地方监察机构和地方管理团队的授权。不过，执行委员会只会在必要时行使这一权力，并将提前通知当地监管机构可能撤销这些授权。为了确保执行委员会不滥用职权，在治理框架内提供了监事会的上诉权利。

图4中不包括地区议会，因为它们不是新治理体系中的正式主体。然而，他们确实有一个法定的基础③，并且由于他们的附加价值而继续存在。地区议会对 GMC 的准备工作很重要，他们也是地方监督机构的主席和当地管理团队的协商机构。地区议会是杰出的机构，可以交换最佳实践和信息，并讨论与整

---

① 这些可在"地方监管机构职权的规定"和"雇主的规则"中找到。
② 地方监察委员会的地方任务、工作方法和职能分工在"地方监督委员会规则"中被记录在案。
③ "章程"的第46条。

个地区有关的问题。2016 年，有 8 个地区议会。

如前所述，在新的 GMC 中，每一家地方银行的会员都由其所在的地方监管机构的主席代表，这意味着这个治理机构大约有 100 个会员。因此，GMC 是一个"彻底的"治理机构；没有专业银行家参与到 GMC 中。为了会议的利益，GMC 充当了拉博银行的所有者，以维护持续性运营，并作为集体价值的保管人。它决定了合作组织和分散组织的发展，并确保了对协会章程的坚持。GMC 根据通常商定的战略原则对治理和银行业务进行评估。

为了执行这些功能，GMC 有几个正式的角色和职责。GMC 有能力修改法律，或改变拉博银行的法律地位。它采用集团财务报表，并有权获得执行委员会的重大决策批准。这些包括：

- 确定拉博银行识别的一般原则和战略框架；
- 年度预算的一般原则；
- 大型收购，大型投资 / 收回，战略伙伴关系（具有超过 20 亿欧元的价值）。

因此，GMC 决定了整个拉博银行集团的战略，而前 CDA 的角色范围仅限于支持 RN 和 LCB——以及相关预算。GMC 更加注重银行的社会重要性和影响，关注银行对社会经济发展的贡献和社会公共职能的实现。GMC 有三个常设委员会：（i）紧急事务委员会；（ii）协调委员会；（iii）保密事务委员会；这些委员会由 GMC 成员组成。在与执行委员会协商后，GMC 可能会任命更多的副委员会。

拉博银行监事会被任命，并负责执行委员会对 GMC 的监督。在以前的治理结构中，监事会是由 RN 的会员大会任命的，RN 的会员也是 LCB 的会员，LCB 的主席在大会上有表决权，监事会主席同时也是 GMC 的主席。由于委托监督的取消，监事会的职责范围扩大了，地方银行目前也在其监管范围内。最后，监事会任命执行委员会的成员，他们负责 GMC 整个战略的执行。

4.2　银行核心

在治理大辩论的背景下，人们一再确认，前 CDA 的议程包含了令人不安的混合，一方面是战略政策问题，另一方面是银行业务问题。前一个议题对各会员代表尤其重要，他们需要发挥影响力，对拉博银行的战略合作进程产生影响。会员影响的焦点不同于如何优化银行业务的问题，这样才能完成客户服务和实现效率目标。为了找到解决这些领域问题和挑战的方法，GMC 不是合适的主体。因此，银行业务问题将主要在新董事会议上得到解决。

董事会议由执行委员会、地方管理团队主席和地方银行的部门主管组成。该机构作为一个筹备、提供资料和咨询机构，负责有关地方银行的建议和政策。董事会议还构成了银行最高管理层与维护客户利益的任务之间的联系纽带。这个机构有一个法定的基础①，但不是一个决策机构。

执行委员会管理着拉博银行。②主要的变化是执行委员会的范围扩大了。执行委员会现在完全负责整个银行业务，包括所有地方银行的业务。在前政府治理体制下，执行委员会和地方监督委员会都对 LCB 进行监督，每一个都有自己的职责：地方监督委员会是基于公司法的"内部监督"，而执行委员会则是基于监管法的"外部监督"。③在新的形势下，执行委员会对地方银行遵守外部规则负有最终责任。为此，执行委员会有权在必要时直接干预地方银行。让执行委员会更直接、更有力地控制地方银行，也是近年来外部监管机构提出的一个观点。由于合并为一家银行，该委员会是地方管理团队（董事长）的等级雇主。此外，执行委员会制定了该组织战略的提议并负责所有集团子公司。

为了保持本地化和地方企业家精神等地方银行的特色，执行委员会已经批准了当地管理团队的主席若干次授权。因此，这些主席能够在当地履行自己的职责，并为其银行负责。④董事长对与当地银行有关联的会员部门承担额外责任。另一项委派任务涉及他作为当地雇主的角色，也包括委员会的其他董事。地方监察机关有权对当地管理团队任免、停职和辞职，但管理团队主席的辞职除外。

执行委员会可以部分或全部撤销授予个别地方银行的授权，如表现不佳、

---

① "协会章程"第 12 条。

② "协会章程"第 34 条～第 44 条。

③ 这就是所谓的"委派监督"。

④ "管理团队主席授权"。

发生事故、治理问题、集团存在高风险等。在后一种情况下，执行委员会可以直接干预并采取纠正措施。直接干预的程度取决于根据不同表现指标对地方银行的分类。在新的治理中，区域主任是支持机构与地方银行——本地管理团队主席之间的联系纽带。应该指出的是，执行委员会不可能采取影响深远的干预决策。干预的理由必须是对 GMC 合理且可信的，后一种特性体现了在新治理框架中的检查和平衡。

5 结束语

治理转型相互交织的目的是加强合作和银行。根本性的调整是由于与许多利益相关者进行了长期而激烈的讨论，并于 2015 年 12 月在所有 LCB 的大会和 RN 的总会议上得到了批准。所有的 LCB 和 RN 合并成一个合作体，使用一个银行许可证。从 2016 年 1 月起，LCB 不再是独立的法人实体，拥有自己的银行执照和自己的财务报表（但仍编制自己的账户）。长期以来，代表外部银行监管机构对 LCB 进行的委托监管，以及 LCB 之间的内部补偿机制，都已被废除。[①] 新治理突出强调了整个集团的财务稳健。

与"旧"的治理体系相比，新治理体系更简单，更少混合。在地方和集体层面上，成员的制衡力量得到加强。在合作社的最高治理机构中，拉博合作银行的会员直接由各地方监管机构的主席代表。在地方和中央的治理层面上，成员的声音会产生更强烈共鸣。此外，新的治理模式能使拉博银行迅速满足监管机构、金融市场的新要求。

在荷兰，基于合作原则，拉博银行将继续 LCB 的分散组织。执行委员会授予地方监督机构和地方管理团队的授权，确保了地方企业家精神，并牢牢扎根于当地社区，这是合作银行的一个关键不同点。在表现不佳、违反规则或法规的情况下，执行委员会可以撤销这些授权，并直接干预地方银行。

新的治理结构要求重新起草公司章程、内部规则和章程。当然，问题的关

---

① 交叉担保计划将继续在拉博银行和一些集团实体之间继续运营。

键在于这个新结构在实际中将如何发挥作用。为了评估新的治理是否能够正常工作，并根据潜在的意图进行评估，在未来几年内，将对不同的利益相关方进行定期评估。这一评估不仅将集中在与这种深刻的组织变革相关的"技术挑战"上，比如，在结构、政策、规则等方面的适应性变化等。当然，一切都取决于在本次修订过程中伴随着"适应性变化"的程度。这种新结构要求所有员工的心态、行为和态度都不同。

显然，治理和战略不可避免地交织在一起。但是，这个主题超出了本文的范围。我们只注意到新的治理结构为团队（成本）效率的改进提供了空间。例如，可以控制内部法规和遵从性成本，并且可以对一系列活动进行简化。这意味着未来几年就业人数将大幅减少。

新的治理结构可以被认为是与过去完全决裂。值得注意的是，拉博银行在动荡的环境中运营，必须敏捷、灵活，能够熟练地满足其会员和当地社区在其历史上的需求。这句话同样适用于它的地方和中央治理。然而，拉博银行一直是并将继续是一个民主管理的国有企业。它仍是一个参与性组织，体现了合作的价值观和原则。它的会员，通过在合作社的民主施政中表达其集体所有权和控制权，有权利、机会和责任通过组织来决定实现的目标和方法。换句话说，会员代表将继续确定拉博银行的成果和价值，以及为参与集体决策制定制度。

免责声明

拉博银行和它所属的集团中的其他法律实体都不承担任何因使用本文件或其他内容而产生的任何直接或间接损失的责任。

附：汉斯·格罗恩韦尔德的简历

Prof. Dr. Hans GROENEVELD, The Netherlands

Hans Groeneveld has almost 30 years of practical, policy and academic experience in cooperative banking. His professional career started at the CPB Netherlands Bureau for Economic Policy Analysis in the section Labour Market and Social Security and Taxes. Thereafter, he worked for ten years as manager at De Nederlandsche Bank in the monetary and supervisory directorate, respectively. In 2000, he switched to Rabobank where he held various senior and managerial positions in staff divisions and business directorates. He has been Senior Consultant Corporate Strategy, Deputy Chief Economist, Head Sector Management in SME banking, and Director 'International Services'. Currently, he is Director International Co-operative Affairs. In this capacity, he is involved in strategic and organizational projects and represents the Managing Board in the national and international co-operative world, among other things. In May 2014, Hans Groeneveld has been appointed as distinguished professor Financial Co-operatives at Tilburg University in the Netherlands. He studied quantitative macroeconomics at Erasmus University Rotterdam and holds a PhD in monetary economics at Maastricht University.

To date, he is Board member of the International Raiffeisen Union in Germany, chairman of the Think Tank on European co-operative banks and of the Task Force on Co-operative Affairs in Brussels, member of the Scientific Committee of the European Research Institute on Co-operative and Social Enterprises in Italy, and member of the International Cooperative Entrepreneurship Think Tank within the International Co-operative Alliance (ICA). He has published on monetary topics, banking, co-operative banks and co-operatives in academic and policy journals. He has also carried out commissioned research for the ICA on the enabling environment for co-operatives in 33 countries around the globe.

汉斯·格罗恩韦尔德博士，荷兰人

Hans Groeneveld 在合作银行业拥有近30年的实践、政策和学术经验。他的职业生涯始于CPB荷兰经济政策分析局劳工市场和社会保障及税收科。此后，他分别在荷兰银行（De Nederlandsche Bank）货币和监管局担任了10年的经理。2000年，他转行到荷兰合作银行（Rabobank），在该行的员工部门和业务总监中担任各种高级和管理职位。他曾担任公司战略高级顾问、副首席经济学家、中小企业银行业务部门管理主管和"国际服务"总监。现任国际合作事务部主任。他以这一身份参与战略和组织项目，并代表国家和国际合作世界的管理委员会。2014年5月，Hans Groeneveld 被任命为荷兰蒂尔堡大学杰出的金融合作教授。他在鹿特丹伊拉斯谟大学（Erasmus University Rotterdam）学习定量宏观经济学，并在马斯特里赫特大学（Maastricht University）获得货币经济学博士学位。

迄今为止，他是德国国际赖夫艾森联盟董事会成员、欧洲合作银行智库主席和布鲁塞尔合作事务工作队主席、意大利欧洲合作与社会企业研究所科学委员会成员，国际合作联盟（ICA）国际合作创业智囊团成员。他在学术和政策期刊上发表了货币专题、银行、合作银行和合作社的文章。他还为国际合作社联盟在全球33个国家进行了关于合作社有利环境的委托研究。

附：汉斯·格罗恩韦尔德发表的文章

Groeneveld, J.M. and AR. Sjauw-Koen-Fa (2009), 'Co-operative banks in the new financial system', Rabobank Report for IMF and World Bank Meeting in Istanbul, Turkey, 4th October 2009.

Groeneveld，J.M. 和 AR.Sjauw Koen Fa（2009 年），"新金融体系中的合作银行"，荷兰合作银行在国际货币基金组织和世界银行伊斯坦布尔会议上的报告，土耳其，2009 年 10 月 4 日。

Groeneveld, J.M., and B. de Vries (2009), 'European co-operative banks: First lessons of the subprime crisis', *The International Journal of Co-operative Management*, Vol. 4, No. 2, September 2009, pp. 8-21.

Groeneveld，J.M. 和 B.de Vries（2009 年），"欧洲合作银行：次贷危机的第一次教训"，《国际合作管理杂志》，第 4 卷，第 2 期，2009 年 9 月，第 8-21 页。

Groeneveld, J.M. (2011), 'Morality and Integrity in Cooperative Banking', *Ethical Perspectives*, Vol. 18, No. 4, pp. 515-540.

Groeneveld，J.M.（2011），"合作银行的道德和诚信"，《伦理观点》，第 18 卷，第 4 期，第 515-540 页。

Groeneveld, J.M. (2012), '*The Cooperative Banking Model: Performance and Opportunities*', SUERF Study 2012/2, Larcier, pp. 101-129.

Groeneveld，J.M.（2012），"合作银行模式：绩效和机遇"，SUERF 研究 2012/2，Larcier，第 101-129 页。

Groeneveld, J.M. (2012), 'European cooperative banks and the future financial system', in '*Raiffeisen's Footprint*' edited by J. Mooij and W.W. Boonstra, VU University Press, Amsterdam. The Netherlands, pp. 267-284.

Groeneveld，J.M.（2012），"欧洲合作银行与未来金融体系"，摘自 J.Mooij 和 W.W.Boonstra 主编的《Raiffeisen 的足迹》，阿姆斯特丹大学出版社。荷兰，第 267-284 页。

Groeneveld, J.M. (2012), *Cooperatives and Rural Financial Development: Great Opportunities and Surmountable Difficulties*, Rabobank Publication, Utrecht.

Groeneveld，J.M.（2012年），《合作社与农村金融发展：巨大机遇与克服困难》，荷兰合作银行出版物，乌德勒支。

Groeneveld, J.M., and D. T. Llewellyn (2012), 'Corporate Governance in Cooperative Banks', in '*Raiffeisen's Footprint*' edited by J. Mooij and W.W. Boonstra, VU University Press, Amsterdam. The Netherlands, pp. 19-36.

Groeneveld，J.M. 和 D.T.Llewellyn（2012年），"合作银行的公司治理"，摘自 J.Mooij 和 W.W.Boonstra 主编的《Raiffeisen 的足迹》，阿姆斯特丹大学出版社。荷兰，第 19-36 页。

Groeneveld, J.M. (2013), 'Cooperative banks and the real economy: a long-standing and close connection', in '*Growth and Cooperatives in the XXI Century*', publication for the global conference of the International Cooperative Alliance, Cape Town, November 2013, pp. 23-29.

Groeneveld，J.M.（2013），"合作银行与实体经济：长期而密切的联系"，载于《二十一世纪的增长与合作》，国际合作联盟全球会议出版物，开普敦，2013 年 11 月，第 23-29 页。

Groeneveld, J.M. (2014), 'A qualitative and statistical analysis of European cooperative banking groups', in '*Alternative Banking and Financial Crises*' edited by O. Butzbach and K. von Mettenheim, Pickering & Chatto Publishers, pp. 71-100.

Groeneveld，J.M.（2014），"欧洲合作银行集团的定性和统计分析"，摘自 O.Butzbach 和 K.von Mettenheim 主编的《另类银行和金融危机》，Pickering&Chatto 出版社，第 71-100 页。

Groeneveld, J.M. (2014), 'Features, facts and figures of European cooperative banking groups over recent business cycles', *Journal of Entrepreneurial and Organizational Diversity*, Vol. 3, No. 1, pp. 11-33.

Groeneveld，J.M.（2014），"欧洲合作银行集团在最近商业周期中的特征、事实和数字"，《企业和组织多样性杂志》，第 3 卷，第 1 期，第 11-33 页。

Groeneveld, J.M. (2015), '*Member-Based Enterprises: The Spotlight on Financial Services Co-operatives*', Inaugural publication, TIAS School for Business and Society, Tilburg University, 13 February 2015.

Groeneveld, J.M.（2015）, "基于成员的企业：金融服务合作社的焦点"，创刊，蒂尔堡大学 TIAS 商业与社会学院，2015 年 2 月 13 日。

Groeneveld, J.M. (2015), 'Governance of European Co-operative Banks: Overview, Issues and Recommendations', in '*Co-operative Governance Fit to Build Resilience in the Face of Complexity*' S. Novkovic and K. Miner (Eds.), International Co-operative Alliance, November 2015, pp. 79-94.

Groeneveld, J.M.（2015 年）, "欧洲合作银行的治理：概述、问题和建议"，载于"合作治理适合构建面对复杂性的弹性"，S.Novkovic 和 K.Miner（编辑），国际合作联盟，2015 年 11 月，第 79-94 页。

Groeneveld, J.M. (2016), *The Road Towards One Cooperative Rabobank*, *Rabobank publication*, Utrecht, The Netherlands.

Groeneveld, J.M.（2016 年）,《通往合作型合作银行的道路》，合作银行出版物，荷兰乌德勒支。

Kuijpers, A.J.A.M., and J.M. Groeneveld (2016), 'Co-operative Capital of a Large Financial Co-operative: The Capitalization Evolution of Rabobank', in The *Capital Conundrum for Co-operatives, International Co-operative Alliance*, pp. 48-57.

Kuijpers, A.J.A.M. 和 J.M.Groeneveld（2016）, "大型金融合作社的合作资本：合作银行的资本化演变"，《合作社的资本难题》，国际合作联盟，第 48-57 页。

Groeneveld, J.M. (2016), 'Doing Co-operative Business Report: Methodology and exploratory application for 33 countries', Report commissioned by the International Co-operative Alliance, May 2016.

Groeneveld, J.M.（2016）, "开展合作业务报告：33 个国家的方法和探索性应用"，国际合作联盟委托的报告，2016 年 5 月。

Groeneveld, J.M. (2016), 'Rabobank before, during and after the credit crisis:

from modesty via complacency to fundamental steps', in 'Credit Cooperative Institutions in European Countries', S. Karafolas (Ed.), Springer, ISBN 978-3-319-28783-6, pp. 169-190.

Groeneveld, J.M.（2016），"信贷危机之前、期间和之后的合作银行：从谦虚到自满到基本步骤"，载于"欧洲国家的信用合作机构"，S.Karafolas（编辑），Springer，ISBN 978-3-319-28783-6，第 169-190 页。

Van Toor, J., K. Cools, H. Groeneveld, and A. van Soest (2017), There's a New Sheriff in Town: The Case of a Cooperative Bank, Working Paper, Tilburg University.

Van Toor, J., K.Cools, H.Groeneveld 和 A.Van Soest（2017 年），《镇上有个新的治安官：合作银行的案例》，工作文件，蒂尔堡大学。

Groeneveld, J.M. (2018), The Reform of the Cooperative Banking Sector in the Netherlands, in New Cooperative Banking in Europe, M. Migliorelli (ed.) , pp. 104-114.

Groeneveld, J.M.（2018），荷兰合作银行业的改革，载于《欧洲新合作银行》，M.Migliorelli（编辑），第 104-114 页。

Groeneveld, J.M. (Ed.) (2018) Co-operative Banks: at the service of their members and society, 200 Years after Raiffeisen's birth, the omnipresence and contemporary relevance of Raiffeisen's principles in banking, publication commissioned by the European Association of Co-operative Banks to commemorate the 200th birthday of F.W. Raiffeisen, Brussels.

Groeneveld, J.M.（Ed.）（2018）《合作银行：为其成员和社会服务，在 Raiffeisen 诞生 200 年后，Raiffeisen 银行原则的无所不在性和当代相关性》，由欧洲合作银行协会委托出版，以纪念 F.W.Raiffeisen 200 岁生日，布鲁塞尔。

参考文献

[1] 汪小亚，黄迈．乡村振兴中农商行之担当 [J]．中国金融，2018，891（21）：55-56.

[2] 汪小亚，唐诗．农信社的前世今生 [J]．中国金融，2018（18）.

[3] 汪小亚．中银富登破解农村金融难题 [J]．中国金融，2018（8）：75-78.

[4] 汪小亚，石峰．农商行上市的思考 [J]．中国金融，2017（22）：32-35.

[5] 汪小亚等著．新型农村合作金融组织案例研究 [M]．北京：中国金融出版社，2016.

[6] 杨少芬，吴湧超．农村合作金融发展探索——基于台湾地区农会信用部经验 [J]．金融与经济，2016.

[7] 房启明，罗剑朝．中英农村金融制度比较研究及其经验借鉴 [J]．经济体制改革，2016（6）：168-174.

[8] 赵旭宏．我国台湾地区农村金融体系的构建及启示 [J]．农村金融研究，2016（6）：32-35.

[9] 丁玉，汪小亚．山东潍坊市信用互助试点的经验和启示 [J]．清华金融评论，2016（12）.

[10] 徐俊．各国农村合作金融体制比较研究 [D]．沈阳：辽宁大学，2015.

[11] 苑鹏．日本综合农协的发展经验及其对中国农村合作社道路的借鉴 [J]．农村经济，2015（5）：118-122.

[12] 高强，张照新．日本、韩国及中国台湾信用合作运行模式、发展经验与启示 [J]．中国农村经济，2015，370（10）：91-98.

[13] 徐俊．发达国家农村合作金融立法经验及其启示——以美国、德国为例 [J]．农业经济，2015（5）：108-109.

[14] 汪小亚．国外农村合作金融立法及其对中国启示 [J]．农村工作通讯，2015（17）.

[15] 汪小亚．合作金融的培育与立法 [J]．中国金融，2015（18）：71-74.

[16] 汪小亚等．农村合作金融再出发 [J]．中国金融，2014（7）：90-93.

[17] 汪小亚．发展新型农村合作金融 [J]．中国金融，2014（5）.

[18] 温信祥．日本农村金融及其启示 [M]．北京：经济科学出版社，2014.

[19] 郭磊 . 美国农村合作金融发展研究 [J]. 世界农业，2014（11）：134–137+204.

[20] 汪小亚 . 农村金融改革——重点领域和基本途径 [M]. 北京：中国金融出版社，2014.

[21] 马晓楠 . 中国农村合作金融的异化与回归研究 [D]. 沈阳：辽宁大学，2014.

[22] 刘洁，张洁 . 日本农村合作金融体系的构建及其对我国的启示 [J]. 现代日本经济，
2013，（3）：29–36.

[23] 汪小亚 . 当前农村金融制度创新的重点 [J]."三农"决策要参，2013（13）.

[24] 汪小亚 . 我国农村金融改革十年述评 [J]."三农"决策要参，2013（47）.

[25] 汪小亚，穆争社 . 下一步农村信用社改革的原则与制度设计 [J]."三农"决策要参，2013
（50）.

[26] 帅旭，汪小亚 . 我国农村政策性金融发展思路 [J]."三农"决策要参，2013（51）.

[27] 汪小亚 . 我国农村合作金融发展思路 [J]."三农"决策要参，2013（52）.

[28] 汪小亚，穆争社 . 创新我国农村金融监管方式 [J]."三农"决策要参，2013（55）.

[29] 于春敏，孟飞 . 农村合作金融组织的发展及对其草根性的规制 [J]. 上海财经大学学报，
2013，15（6）：32–39.

[30] 张洁 . 中国农村合作金融理论与实践研究 [D]. 长春：吉林大学，2013.

[31] 汪小亚，帅旭 . 农民专业合作社信用合作的模式及现实选择 [J]. 中国农村金融，2012
（14）.

[32] 王彤辉 . 我国农村合作金融发展模式研究 [D]. 济南：山东大学，2011.

[33] 黎和贵 . 对合作金融实行公共政策扶持的美国经验及其启示 [J]. 中国农村金融，2010
（4）：94–96.

[34] 汪小亚，加快农村金融改革改善农村金融服务 [J]. 中国金融，2010（5）.

[35] 汪小亚，帅旭 . 积极推广农村小额信用贷款 [J]. 中国金融，2010（16）.

[36] 鲍静海，吴丽华 . 德、法、美、日合作金融组织制度比较及借鉴 [J]. 国际金融研究，2010
（4）：48–53.

[37] 王冰 . 从国外农村金融发展的历程看农村金融的实质 [J]. 理论月刊，2008（9）：169–
173.

[38] 瞿振元，大多和严 . 中日农村金融发展研究 [M]. 北京：中国农业出版社，2007.

[39] 高木勇树 . 日本的农民组织与农村金融 [J]. 农业经济问题2006，（12）：68–74.

[40] 韩俊，罗丹，潘耀国 . 信用合作社在农村金融体系中具有不可替代的作用 [J]. 调查研究

报告，2006，（152）：1-13.

[41] 李超民. 美国农场合作金融法制化与我国农村金融体制建设 [J]. 环球法律评论，2006
（6）：671-680.

[42] 罗结. 中西方合作金融发展模式比较及启示 [D]. 成都：西南财经大学，2005.

[43] 加拿大金融业概况. 中华人民共和国驻多伦多总领事馆经济商务室. http：//toronto.
mofcom.gov.cn/aarticle/ztdy/200406/20040600231081.html.2004.06.08.

[44] 马忠富. 国际农村合作金融发展经验及其启示 [J]. 中国农村经济，2001（5）：72-78.

[45] 佚名. 日本、美国合作金融情况考察报告 [J]. 中国农村信用合作，2000（8）：14-16.

[46] 佚名. 关于帝雅鼎信用合作社的考察报告 [J]. 农村金融研究，1996（10）：59-63.

[47] 加拿大金融机构官方网站，http：//www.canadafi.com/8.html.

[48] 加拿大信用合作中心网站，https：//www.ccua.com/.

[49] Norinchukin Research Institute, 2017, Structural change in core farmers engaged in land-
extensive farming and challenges faced by agricultural cooperatives' group in Japan, http://www.
nochuri.co.jp/english/pdf/rpt_20170529.pdf.

[50] Credit Union Annual Statistics:2016.

[51] World Council of Credit Unions 2016 Statistical Report.

[52] Norinchukin Research Institute, 2015, A study of the Latest Amendments to the Agricultural
Cooperatives Act of Japan, http://www.nochuri.co.jp/english/pdf/rpt_20161026.pdf.

[53] Norinchukin Research Institute, 2016, Financial Statistics of Agriculture, Forestry and Fisheries
in Japan 2016, http://www.nochuri.co.jp/tokei/yearly/index.html.

[54] Hannah L. Rethinking Corporate Finance Fables: Did the US Lag Europe before 1914?[J]. CIRJE
F-Series, 2015.

[55] Goddard J, Mckillop D G, Wilson J O S. Consolidation in the US Credit Union Sector:
Determinants of Failure and Acquisition[J]. *Social Science Electronic Publishing*, 2008.

[56] Poverty in Scotland: second report of session 2007-08, Vol.2, House of Commons: Scottish Affairs
Committee, December 2007 , p.Ev226.

[57] Adele Atkinson(March2006), Migrants and Financial Services: Areview of the situation in the
United Kingdom(PDF), Personal Finance Research Centre, University of Bristol,p.8.

[58] J. Colin Glass, Donal G. McKillop. The impact of differing operating environments on US Credit

Union Performance, 1993−2001[J]. *Applied Financial Economics*, 2006, 16(17):1285−1300.

[59] Ward A M, Mckillop D G. An Investigation into the Link between UK Credit Union Characteristics, Location and their Success[J]. *Annals of Public & Cooperative Economics*, 2005, 76(3):461−489.

[60] Li, Xianghong. Three applications of propensity score matching in microeconomics and corporate finance [electronic resource] : US international migration; seasoned equity offerings; attrition in a randomized experiment /[J]. 2004.

[61] Tim George Bicker staffe (September2001), The Significance of the Common Bond In Credit Unions(PDF),The University of Leeds Department of Sociology and Social Policy,p.7.

[62] Credit Union History, Gates head First Credit Union.

[63] Credit unions in Canada. http://nosmut.com/Credit_unions_in_Canada.html.

[64] Hawkley C. Corporate Finance: US Funds Turn Attention to Europe; Chris Hawkley, Head of Arthur Andersen Corporate Finance, and Paul Finlan, Corporate and Senior Partner at Garretts in Birmingham, Look at the Increase in Cross−Border Deals and the Factors Behind Them[J].

后　记

原本不打算写后记，前几天，清华大学中国农村研究院（以下简称清华农研院）让我总结一下新型农村合作金融组织的政策提出、山东试点及发展现状，我才感觉这段亲历的农村合作金融发展演变过程值得记录一下，因此，加一后记。

时间过得真快，我对这一轮中国合作金融的重点关注一晃就十多年了。

各地调研。（1）小岗调研。2009年，国办转来安徽小岗的来信，小岗村是中国农村改革具有标志性意义的地方，央行格外重视，当时在央行研究局工作的我带队到小岗实地调研，并联合人行合肥中支开展安徽全省调研。调研发现，资金互助组织再度兴起不是偶发现象，是农村金融供给不足和农村金融需求方（民间的）创新的反映。（2）全国摸底。2010年9月，行领导带队，我负责组织，由人民银行牵头九部委进行实地调研，调研山东省潍坊、德州、临沂三地和河南省虞城、兰考两县。随后，还利用央行分支机构，在全国范围内开展摸底调查。这次调研报告指出，农村资金互助组织不是个别现象，农村信用合作组织发展快、机构数量多、组织形式多样、运作机制复杂、涉及资金大、涉众面广，潜在风险大，应引起高度关注和加强引导。（3）深度调研。2013年7月，中央农村工作领导小组办公室（以下简称中农办）组织人行、银监、汇金、国务院发展研究中心等单位赴安徽、江苏、浙江三省深入调研，届时，我已调离央行，被中农办借调参与调研，并起草了调研报告。

深入研究。关于农村合作金融组织（又称资金互助组织或信用合作社等）研究，我承担了多个课题，包括清华农研院年度重点项目和全国人大委托的立法研究。作为课题主持人，我注重收集并研究国外的合作金融发展情况的同时，还借助大型银行在海外的分支机构，对德国、英国、日本等国合作金融进行广泛调研;并且到国外进行实地调研,如2017年5月我专门调研了荷兰合作银行。在长期关注和思考研究中,也发表一系列研究成果,例如,出版了《新型农村合作金融组织案例研究》,发表了《发展新型农村合作金融》《合作金融的培育与立法》《国外农村合作金融立法及其对中国启示》等小文,其中,2013年我发表在清华大学中国农村研究院内刊《"三农"决策要参》上的两篇报告:《当前农村金融制度创新的重点》和《我国农村合作金融发展思路》均获国家领导人重要批示,在一定程度上推动了农村合作金融有关政策出台和试点实施。

重要文件。(1)2014年一号文:2014年1月20日中共中央国务院印发《关于全面深化农村改革加快推进农业现代化的若干意见》(简称2014年中央一号文),文件中正式提出"发展新型农村合作金融组织。在管理民主、运行规范、带动力强的农民合作社和供销合作社的基础上,培育发展农村合作金融,不断丰富农村地区金融机构类型。坚持社员制、封闭性原则,在不对外吸储放贷、不支付固定回报的前提下,推动社区性农村资金互助组织发展。完善地方农村金融管理体制,明确地方政府对新型农村合作金融监管职责,鼓励地方建立风险补偿基金,有效防范金融风险。适时制定农村合作金融发展管理办法"。(2)普惠金融发展规划。2015年1月15日国务院印发《推进普惠金融发展规划(2016—2020年)》(以下简称《规划》),这是我国首个发展普惠金融的国家级战略规划,确立了推进普惠金融发展的指导思想、基本原则和发展目标,从普惠金融服务机构、产品创新、基础设施、法律法规和教育宣传等方面提出了系列政策措施和保障手段。《规划》强调,积极探索新型农村合作金融发展的有效途径,稳妥开展农民合作社内部资金互助试点。注重建立风险损失吸收机制,加强与业务开展相适应的资本约束,规范发展新型农村合作金融。

山东试点。(1)试点启动。2015年1月,山东省启动我国新一轮农村合作金融试点,试点内容主要是在农民专业合作社内部开展信用互助业务,并计划到2017年年底,初步建立与山东农村经济相适应、运行规范、监管有力、成效明显的新型农村合作金融框架,使之成为正规金融服务体系的有益补充。(2)专题调研。应山东供销社和金融办邀请,我和课题研究小组赴临沂、潍坊等地调研。2015 年 6 月 1 日,山东省委副书记王军民给我(我以清华大学中国农村研究院学术委员的身份)颁发"山东省农民专业合作社信用互助业务试点工作特邀咨询聘书。不过,这份聘书只是一个名义上的,并没有参与具体试点工作。(3)试点进展。2019 年 7 月 18 日山东广播电视台融媒体问政节目《问政山东》曝光了山东新型农村合作金融试点存在的问题,比如授牌的试点社当中有许多没开展业务,有的成了空壳社。省地方金融监督管理局局长坦言:实事求是的讲,目前开展试点不是很顺利,全省 444 家,目前有 201 家没有开展实质性的互助业务, 这是制度设计的问题,这项工作是国务院交给山东省的一项试点任务,我们承担着探索创新的责任,但是从效果看并不令人满意,我们非常内疚。(信息来自齐鲁网 2019 年 7 月 18 日)

立法曲折。(1)地方性法规。鉴于各地信用合作创新方式多、发展快、涉众广、风险大,各地政府纷纷出台地方性法规或指导意见。当时,除山东省是经国务院同意开展合作社信用合作试点外,全国有 14 个省(区、市)的地方性法规明确规定合作社可以开展信用合作业务,辽宁、安徽等地制定了专门指导意见或管理办法。(2)修法亮点。在《农村农民专业合作社法》施行 10 年之际,首次迎来修改。在修订过程中,允许农民专业合作社内部开展信用合作,曾一度作为这次修法的亮点。2017 年 6 月 22 日,在十二届全国人大常委会二十八次会议的全体会议上,修订草案说明(以下简称《草案》)中曾提及允许农民专业合作社内部开展信用合作,是此次修改的四大亮点之一。《草案》表示,全国有 2000 多家合作社开展信用合作,鉴于信用合作风险较高、专业性较强,法律应当对此作出统一规范,加强制度约束,强化风险防控。《草案》还表示,在借鉴地方立法经验基础上,明确农民专业合作社内部开展信用合作,须依托于农民专业合作社,以成员信用为基础,以产业为纽带,由全部或部分成员自愿出资,目的是为成员在合作社内部发展生产提供资金互助业务活动,不是专门的信用合作社。(3)信用合作最终没有纳入修法中。2017 年 12 月 27 日第十二届全国人民代表大会常务委员会第三十一次会议修订的《中华人民共和国农民专业合作社法》,没有纳入信用合作的内容。

　　研究思考。(1)合作金融的未来。前几天，又收到荷兰蒂尔堡大学经济管理学院研究合作金融的汉斯·格罗内维尔德教授的来信，他谈到，刚在《公共与合作经济学年鉴》上发表一文"将 Raiffeisen 的原则带回到未来"，(Raiffeisen，赖夫艾森，代表"合作"的意思)，主要观点是随着新冠肺炎疫情暴发，欧洲出现不同程度的经济混乱，而现有的合作银行比以往任何时候更能表现出各方同舟共济、与社区更加紧密、关注长远发展等特点。坚持合作原则，是推动合作银行走向未来的法宝。掩卷沉思，荷兰合作银行已有百年发展史，仍坚守着合作原则，并没有完全股份化。我国早在 2008 年 10 月党的十七届三中全会通过《中共中央关于推进农村改革发展若干重大问题的决定》中，明确提出"加快建立商业性金融、合作性金融、政策性金融相结合，资本充足、功能健全、服务完善、运行安全的农村金融体系"。但现实中，中国合作金融之路曲曲折折生生死死。我的《新型农村合作金融组织案例研究》一书中，曾提到，近十多年来，在正规金融体系中，农村合作金融机构在改革中"去合作化"，合作金融性的金融机构基本消失；而在非正规金融体系中，各种农村合作金融组织创新不断涌现，但由于信用合作在立法上没有获得认同，民间的农村合作金融探索和创新，难以实现正规化、合法化。由此推想，合作性金融在中国还有未来吗？

　　(2)研究动力。十年来，在农村合作金融的调研和研究过程中，我特别要感谢中农办领导陈锡文主任和韩俊老师的指导和支持；感谢全国人大财经委吴晓灵副主任(央行原副行长)和农委的刘振伟副主任的信任和鼓励；感谢央行各地分支机构，特别是安徽和江苏两地省分行的研究队伍在初期研究时给予的支持；感谢调研过程结识的"农口"领导和朋友的支持。更感谢我的研究伙伴，包括陈剑波、穆争社、黄迈、丁玉、何婧、谭智心、唐诗、帅旭，还有梅世文、何广文、李冠佑、王勇等，他们是我有幸遇上志同道合的学友，之所以称为志同道合，因为我们的合作不是行政安排，而是自愿加入的；不谈金钱，只谈价值；不乐意纸上轻谈，而甘愿不辞辛苦，做田野调研。我一直感激着他们的参与和帮助，回想起研究路上的一个个场景，有安徽太湖的雨夜座谈、浙江台州村头访谈，还有深夜辗转到沅陵、百里驱车到玉田……。我们放弃多少次周末休闲游览，而在穷乡僻壤田间地头深入调研，这种志同道合就是都想为中国的扶贫支农尽一份金融政策研究者的智慧和力量。（3）数字化时代农村金融研究的新话题。政策性金融、商业性金融、合作性金融都是金融配置的一种方式，各有特点与优劣，选择哪种方式主要是看与其相适应的经济社会环境，没有标准答案。当下，脱贫攻坚和乡村振兴，离不开农村金融的大力支持，而在数字化时代，中国农村金融又涌现出许多供给侧的改革和创新，这又将吸引我更多的关注和研究。我相信，技术能改变生活，未来金融创新能为"三农"带来更多更大的福祉。

汪小亚（清华大学中国农村研究院学术委员会委员）

2020 年 9 月 21 日